U0480202

大学思政研究丛书

·四川师范大学学术著作出版基金资助

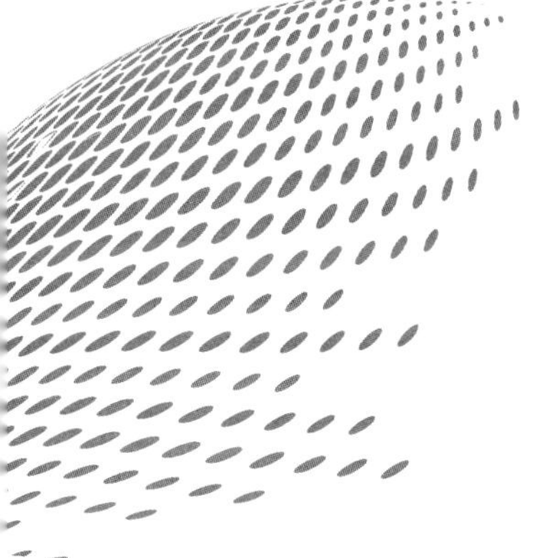

高校学生管理与辅导员工作创新研究

吴进●著

GAOXIAO XUESHENG GUANLI
YU FUDAOYUAN GONGZUO
CHUANGXIN YANJIU

四川大学出版社
SICHUAN UNIVERSITY PRESS

图书在版编目（CIP）数据

高校学生管理与辅导员工作创新研究 / 吴进著. —
成都 : 四川大学出版社, 2023.10
（大学思政研究丛书）
ISBN 978-7-5690-6381-3

Ⅰ. ①高… Ⅱ. ①吴… Ⅲ. ①高等学校－学生－学校管理－研究②高等学校－辅导员－工作－研究 Ⅳ. ①G645

中国国家版本馆 CIP 数据核字 (2023) 第 192425 号

书　　名：高校学生管理与辅导员工作创新研究
Gaoxiao Xuesheng Guanli yu Fudaoyuan Gongzuo Chuangxin Yanjiu
著　　者：吴　进
丛 书 名：大学思政研究丛书

选题策划：唐　飞
责任编辑：刘柳序
责任校对：王　锋
装帧设计：裴菊红
责任印制：王　炜

出版发行：四川大学出版社有限责任公司
地址：成都市一环路南一段 24 号（610065）
电话：（028）85408311（发行部）、85400276（总编室）
电子邮箱：scupress@vip.163.com
网址：https://press.scu.edu.cn
印前制作：四川胜翔数码印务设计有限公司
印刷装订：四川盛图彩色印刷有限公司

成品尺寸：170mm×240mm
印　　张：11.5
字　　数：219 千字

版　　次：2023 年 10 月 第 1 版
印　　次：2023 年 10 月 第 1 次印刷
定　　价：60.00 元

扫码获取数字资源

四川大学出版社
微信公众号

前言

高校学生管理，是指为实现立德树人的培养目标，高校学生管理组织和人员按照国家的教育方针和政策法规，科学地、有计划地组织协调校内人、财、物、信息等要素，指导和规范高校学生思想、学习、生活、实践的活动。在时间维度上，它自学生入学始至毕业止；在空间维度上，它涉及校内和校外两方面；在方法维度上，它通常采取教育、示范、引导、服务等方式。高校学生管理工作对保障高校学生健康成长、促进高校自身职能实现，具有非常重要的意义。

辅导员是高等院校中负责学生管理工作的专职人员，是高校学生思想上的引路人、生活中的体贴人、学习上的指导者、心理上的辅导者。辅导员素质的高低、工作能力的强弱直接影响高校学生学习、生活和思想健康情况，关系着高校学生的整体综合素质水平。

本书较为全面、系统地介绍了我国高校学生管理与辅导员工作以及创新发展情况。全书共七章，第一章介绍了高校学生管理的概念及内涵、理念与原则、过程与方法、价值、产生与发展等基本理论问题。第二章主要对高校学生管理进行实务考察，介绍了高校学生管理的组织体系、主要内容、主要模式、工作制度、工作体制等情况。第三章介绍了高校学生管理的创新路径，提出改革工作体制、创新工作机制、创新工作方法。第四章介绍了高校辅导员制度、工作等内容。第五章介绍了高校辅导员工作情况。第六章则是针对第五章发现的问题提出创新完善路径。第七章介绍了高校辅导员的自我提升与队伍建设的必要性以及建设途径。

由于笔者水平有限，书中难免有不妥之处，敬请同行专家和广大读者的批评指正。

著者

2023 年 7 月

目　录

第一章　高校学生管理的概述

内容提要：作为我国高校工作重心之一，高校学生管理是高等学校为实现人才培养目标，促进大学生全面发展，通过决策、计划、组织和控制，有效地利用各种资源，为大学生成长成才提供各种指导和服务的社会活动过程。它具有突出的教育功能、鲜明的价值导向，是一项复杂的系统工程。在西方国家，它通常被称为“高校学生事务管理”。随着现代高等教育的发展，坚持“以人为本”“服务育人”“科学合理”和“规范法治”的基本理念，遵循方向性、发展性、激励性、自主性的原则，采用目标管理、民主管理、刚性管理、柔性管理和系统管理的方法已成为各国高校学生事务管理工作的基本共识。但受到不同政治、经济、文化的影响，各国高校管理体制发展出不同的路径，而我国高校在马克思主义理论的指导下形成了独特的、具有中国特色的高校学生管理体制。

第一节　高校学生管理的概念与内涵

按照管理学理论，管理是指在一定的社会组织中，人们通过决策、计划、组织和控制，有效地利用人力、物力、财力、时间和信息等各种资源，以达到预定目标的一种社会活动过程。结合管理学和教育学的有关理论，学生管理则是指在校园场域中，学校通过决策、计划、组织和控制，有效地利用人力、物力、财力、时间和信息等各种资源，以达到人才培养目标所进行的系列活动。

一、高校学生管理的概念

根据现代国家国民教育体系的安排，学生管理涉及学前、小学、中学、大学多层次多阶段。相较于其他阶段，高校学生管理在管理对象、管理目标、管理手段、管理理念上与其他阶段的学生管理工作不同。本书选取“高校学生管理”为研究对象，重点讨论、分析其基本理论问题。

所谓高校学生管理，即大学生管理，是指高等学校为实现人才培养目标，促进大学生全面发展，通过决策、计划、组织和控制，有效地利用各种资源，为大学生成长成才提供各种指导和服务的社会活动过程。它是维护高校正常的教学秩序、生活秩序、安全秩序，保障大学生身心健康的重要活动，是我国高校管理工作的中心工作之一。值得注意的是，西方国家的高校将学生非学术性事务管理称为“高校学生事务管理”，它在内涵与外延上与“学生管理”基本一致，以致实务中或理论研究中两者概念经常互换使用。而且因西方国家高等教育的萌芽和发展较早，我国近现代以来发展高等教育而伴随的“高校学生管理”工作也深受其影响，故我国“高校学生管理”在一般的管理理念、管理方法上与西方国家的“高校学生事务管理”有诸多相似之处。但在本质上，两者在指导思想、管理目标、具体管理方法等方面还是具有很大不同，因而也不能将两者完全等同。可以说，“高校学生管理”是现代高等教育学生事务管理在我国本土化的结果。

二、高校学生管理的内涵

高校学生管理是高等学校人才培养工作的一个重要环节，它既具有管理的一般特性，又有其自身的特殊属性。其内涵包括以下几方面。

（一）管理主体以高等学校为主，社会、家庭为辅

马克思曾说：“凡是有许多个人进行协作的劳动，过程的联系和统一都必然要表现在一个指挥的意志上，表现在各种与局部劳动无关而与工场全部活动有关的职能上，就像一个乐队要有一个指挥一样。”因此，任何管理活动都是

在一定的社会组织中进行的。高等学校是系统培养专门人才的社会组织，大学生的教育和培养是其首要和基本的任务。高校学生管理也是高等学校为实现这一任务而进行的特殊的管理活动。在我国的教育体系中，这些高等院校包括普通高等学校、职业高等学校、成人高等学校等类型，涉及的层次包括专科、本科、研究生教育。

（二）管理目标以实现人才培养目标、促进大学生的全面发展为主要目标

管理是要实现一定社会组织的某种预定目标的。世界上既不存在无目标的管理，也不可能实现无管理的目标。高校学生管理作为高等学校人才培养工作的一个重要环节，其目的就是要实现高等学校在人才培养方面的预定目标，促进大学生的全面发展，使之成为德智体全面发展、富有创新精神和实践能力的中国特色社会主义事业的建设者和接班人。

（三）管理实质是要有效地利用学校的各种资源为大学生的成长成才提供指导和服务

高校学生管理的实质是要为大学生顺利完成学业、健康成长成才提供各方面的指导和服务，包括对大学生行为的引导、为家庭经济困难学生提供的资助服务、为毕业生提供的就业服务等。为此，需要通过科学的决策、计划、组织和控制，有效地利用学校的各种资源，包括人力、物力、财力、时间和信息等。

三、高校学生管理的特点

高校学生管理作为高等学校为实现人才培养目标而为大学生提供的引导与服务，有其自身显著的特点，即：突出的教育功能、鲜明的价值导向、复杂的系统工程。

（一）突出的教育功能

高校学生管理是高等学校人才培养工作的重要组成部分，既具有管理的属性，又具有教育的属性。突出的教育功能是其鲜明的特点，主要体现在以下几个方面。

1. **大学生教育与大学生管理工作互为目标**

一方面，对大学生进行教育是制订大学生管理目标的基本依据，进行教育活动也是为了实现良好的管理。大学生管理目标也是大学生教育目标在大学生管理活动中的贯彻和体现，是其在大学生管理领域的子目标。另一方面，大学生教育与大学生管理工作互为手段。进行大学生管理是实现大学生教育目标的重要手段，只有通过有效的管理，建立和保持正常的教育教学和生活秩序，充分调动大学生学习的积极性和主动性，才能保证学校教育教学活动的顺利进行和学生的健康成长。没有有效的大学生管理，教育目标也就不可能实现。同样，教育手段通常也是大学生管理的重要方法之一。

2. **教育方法在大学生管理方法体系中具有突出的作用**

教育方法是包括大学生管理在内的现代管理活动中最经常、最广泛使用的一种基本手段。一切管理活动都离不开人，而人的活动总是由一定的思想意识支配的。正如恩格斯所说："推动人去从事活动的一切，都要通过人的头脑。"因此，任何管理活动都要坚持思想领先的原则，注意做好人的思想工作，通过影响人的思想去引导和制约人们的活动。而大学生管理作为大学生教育和培养工作中的一个重要组成部分，必然要更加注重运用教育的手段，以增强大学生管理的实效性。同时，教育方法也是大学生管理中其他方法顺利实施并收到实效的基础。大学生管理的法律方法、行政方法和经济方法的实施，一般都要伴之以思想道德教育，这样才能收到良好的效果。

3. **大学生管理过程也是教育的过程**

在大学生管理过程中包含着十分丰富的教育因素。大学生管理过程中所贯彻的以人为本、民主法制公正和谐的理念，所体现的从学校和学生的实际出发、遵循教育规律和管理规律实事求是的科学精神，所采用的民主管理、依法管理、科学管理的方法等都会对学生产生潜移默化的影响。大学生管理过程中根据大学生成长成才的规律和要求制定的各项规章制度，会对大学生起到思想导向、动机激励和行为规范的作用。大学生管理过程中管理人员的正向情感、态度和言行也会对大学生起到表率和示范作用。可见，大学生管理的过程同时也是教育学生的过程，并直接影响着大学生思想品德的形成与发展。

（二）鲜明的价值导向

大学生管理总是为一定社会培养人才提供服务的，大学生管理的目的、管理体制和管理形式总是受到社会的经济基础、政治制度和意识形态的制约。因此，大学生管理必然具有鲜明的价值导向，贯穿并体现着一定的社会主导价值体系，并直接影响着大学生价值观的形成、变化与发展。我国是人民民主专政的社会主义国家，我国的高等学校是为社会主义建设事业培养专门人才的。这就决定了我国的大学生管理必然要坚持社会主义的价值导向。具体地说，大学生管理的价值导向主要体现在以下几个方面。

1. 大学生管理的价值导向集中体现在管理目标中

目的性是人类实践活动的基本特征，而人的实践活动的目的总是基于一定的需要和对实践对象的属性及其变化趋势的认识与判断，因此总是体现着一定的价值观念。大学生管理的目的同样如此。事实上，大学生管理的目的以及作为其具体展开的整个目标体系都是基于一定的价值观念确定和设计的，都贯穿和体现着一定的价值观念和价值追求。因此，大学生管理的价值导向不仅对管理者的管理行为和大学生的日常行为起着导向、激励和评价作用，而且对大学生价值观的形成和发展起到重要的引导和促进作用。例如，建立和维护良好的教育教学和生活秩序是学生管理的重要目标，这一目标就体现了“有序”的价值，因此这一目标的执行又会促进大学生形成“有序”的观念。同时，大学生管理是大学生教育的重要环节。“为谁培养人、培养什么样的人”始终是大学生教育的首要问题，也是大学生管理的首要问题。对这个问题的解决必然鲜明地体现着一定的价值观念和价值追求。在我国现阶段，就是要体现实现中国特色社会主义的共同理想对人才培养的要求。因此，我国大学生管理的目标也必然要体现社会主义的价值导向。

2. 大学生管理的价值导向突出体现在管理理念中

大学生管理理念是大学生管理的指导思想，直接制约着大学生管理的原则和方法。而大学生管理理念也总是体现了社会的价值体系，并往往是社会的先进的价值观念在大学生管理中的贯彻和体现。例如，大学生管理中的“以人为本”的理念就是我们党所坚持的“以人为本”的价值观念在大学生管理中的贯彻和体现。在大学生管理中全面贯彻“以人为本”的理念，坚持做到“关心人、尊重人、依靠人、发展人、为了人”，必然会对学生正确认识人的价值，确立“以人为本”的价值观念产生积极影响。

3. 大学生管理的价值导向具体体现在管理制度中

科学而又严密的规章制度是大学生管理的基本手段，是大学生管理规范化、制度化和法制化的基本保证和主要标志。而管理规章制度总是人们在一定的价值观念指导和影响下制定出来的，总是体现着一定的价值导向，具体表现为要求大学生做什么、不做什么；鼓励和提倡做什么，反对和禁止做什么；奖励什么样的行为和表现，惩罚什么样的行为和表现等。大学生管理制度中的这些规定无不体现着鲜明的价值导向。

（三）复杂的系统工程

同任何管理活动一样，高校学生管理工作也是一项系统工程，具有整体性、层次性、动态性和开放性，但又有其特殊的复杂性，主要体现在以下几个方面。

1. **大学生管理任务是复杂的**

大学生管理工作十分复杂。既要紧紧围绕大学生的中心任务，加强对学生学习行为和实践活动的管理和引导，又要切实着眼大学生的健康成长，加强对学生日常行为包括交往行为、消费行为、网络行为的管理和引导，及时发现、校正和妥善处理学生的异常行为。既要加强对大学生现实群体包括学生班级、学生党团组织、学生社团和学生生活园区的管理和引导，又要适应网络时代的新情况，加强对大学生以网络为平台形成的虚拟群体的管理和引导。既要对大学生在校园内的安全加强管理和引导，又要为大学生在校外的安全提供必要的指导和督促。既要做好面向全体学生的奖学金评定工作，以充分调动学生的学习积极性，又要做好面向家庭经济困难学生的资助工作，以帮助他们顺利完成学业。总之，大学生管理渗透于大学生专业学习和日常生活的各方面，贯穿于大学生培养工作的所有环节和全部过程，其任务是复杂而又艰巨的。

2. **大学生是具有明显差异和鲜明个性的**

大学生管理的对象是大学生，而大学生则有着显著的差异和鲜明的个性。他们各有其特殊的精神世界和思想感情，有着不同的气质、性格、兴趣、爱好和习惯。即使是同一个专业、班级的学生，由于他们各有不同的生活条件和生活经历，他们的思想行为也各有其特点。同时，随着自主意识的增强，大学生普遍崇尚个性，追求个性的自由发展和完善。对同一学生而言，在成长发展不同的历史时期也有着不同的特点。因此，大学生管理就不可能按照完全统一的要求、规格和程序来进行，而要善于根据大学生的个性特点，因人制宜、因势利导，有针对性地开展工作，这就使大学生管理具有了特殊的复杂性。

3. **影响大学生成长的因素是复杂的**

大学生管理的目的是要促进大学生的健康成长，而影响大学生成长既有学校教育因素，还有外部环境因素。现实世界中，所有与大学生的学习、生活、活动和交往有关的环境因素都会或多或少地对大学生的成长产生影响。其中，有社会的因素，也有自然的因素；有物质的因素，也有精神的因素；有经济的、政治的因素，也有文化的因素；有国际的、国内的因素，也有家庭的、学校周边社区的因素；有现实的因素，也有历史的因素。尤其是随着现代信息技术的迅猛发展，影响大学生思想行为及其成长的环境因素也就更为广泛、复杂，其影响的性质具有多重性、影响的方式具有多样性。因此在大学生管理过程中，管理者不仅要善于对大学生的学习和生活进行正确的指导，而且要善于正确认识和有效调控各种环境因素对大学生的影响，尽可能地充分利用其对大学生的积极影响，防止、抵御和转化其消极影响。显然，这是一项十分复杂的工作。

第二节　高校学生管理的理念与原则

高校学生管理的基本理念是指高校在对学生进行管理和服务的实践和思维活动中，认识和处理各种问题、需求所必须坚持的基本观念和价值取向，是对学校各级、各方面管理人员在思维层面所提出的基本要求。高校学生管理的基本原则是指高校在对学生实行全面管理和全程管理的过程中，观察、认识和处理各种矛盾和问题所必须遵守的基本准则，是对学校各级、各方面管理人员进行实践层面所提出的基本要求。

一、高校学生管理的基本理念

我国高校学生管理工作随着实践，在吸收、借鉴西方国家的高校学生事务管理的相关理念后，延伸出众多的学生管理理念，诸如：柔性管理理念、立德树人理念、和谐管理理念、以人为本理念、社会工作理念、情感管理理念、五育并举理念、三全育人理念等。在这些理念中，有的是基本理念，具有全面宏观的指导作用；有的是在基本理念基础上产生的派生理念，通常适用某一方面学生管理工作。本书仅选择基本理念作出如下介绍。

（一）以人为本理念

理性化和人性化一直是管理发展中的两个重要特征。弗雷德里克·温斯格·泰勒及其科学管理理论是理性主义的典型代表，并长期作为管理思想的主流。20世纪二三十年代以来，随着人际关系理论以及行为科学的发展，人文主义逐渐占据管理思想的重要地位，人性和个人价值得到普遍认同。以人为本理念要求在管理活动中，始终把人放在中心位置。在手段上，着眼于所有成员积极性发挥和人力资源的优化配置作用；在目的上，追求人的全面发展以及由此带来的效益的最优化。

在大学生管理工作中，坚持以人为本理念就是要以学生为本，树立现代学生观，尊重学生的主体地位，促进学生的个性化发展，实现学生的多样化评价。在实际工作中，尊重学生的主体性、差异性、丰富性、独特性，把学生当作有血有肉、有生命尊严、有思想感情的人；以学生成长成才为中心，真正尊重学生、理解学生、关心学生、引导学生。具体来说，主要体现在以下几个方面。

1. **尊重学生主体需求**

要区分不同类型、不同层次学生的特点和需求，分层次、分阶段做深入细致的教育、管理和服务工作，建立起帮助学生成长、解决学生困难、方便学生办事、维护学生权益的大学生管理工作机制，让学生受到良好的教育。因此，大学生管理工作必须从学生的需求出发，把工作的需求与学生的成长成才需求紧密结合，把学生的当前需求与长远需求紧密结合，把学生个人的需求与群体的需求紧密结合，把表面的物质需求与深层次的精神需求紧密结合，努力培养德才兼备、品学兼优、知行合一的社会主义建设者和可靠接班人。

2. **体现学生的主体参与**

要充分发挥学生的主体作用，引导学生参与管理实践，使学生成为管理的主人。学生参与管理的主要平台有学生会、班委会、团支部、社团联合会等学生组织，可以通过学生干部定期换届等方式，努力让每个学生都有机会参与管理。在就业管理、安全管理、资助管理等工作中，也要充分调动学生的积极性，引导学生参与相关政策制定和实施，真正实现管理依靠学生。

3. **实行民主管理**

尊重学生的主动性和首创性是人本理念的重要体现。因此，不仅要增强管理者和学生的民主管理意识，更要完善民主选举、决策和监督等民主管理运行机制，畅通民主管理渠道。

（二）服务育人理念

大学生管理说到底就是为大学生的全面发展和健康成长服务，而不仅仅是为了“管”学生，更不能把学生仅看作管理的对象。只有树立了管理就是服务、管理就是育人的理念，才能从根本上转变大学生管理的态度、思路、方法和作风。中共中央、国务院《关于进一步加强和改进大学生思想政治教育的意见》中明确指出，高校加强和改进大学生思想政治教育是教书育人、管理育人、服务育人相统一的系统工程。

要“坚持教育与管理相结合”，要“从严治教、加强管理”，要“建立健全与大学生成长成才相适应的管理制度体系”。要时刻注意把思想政治教育融入大学生管理之中，建立起自律与他律、激励与约束有机结合的长效机制。具体来说，主要体现在以下几个方面。

1. 强化服务意识，着力解决学生最关心的实际问题

大学生管理关乎学生切身利益的诸多方面，比如学业问题、就业问题、家庭经济困难问题和心理问题等。管理者要积极解决学生的实际问题，让学生感受到关怀与温暖，为其接受管理者的教育与引导奠定感情基础。在解决实际问题的过程中，既办实事又讲道理，坚持管理与教育的结合，做到既关心人、帮助人，又教育人、引导人。

2. 注意学生的情感因素，注意制度的刚性和管理的弹性

大学生管理是做“人”的工作，人是有理性、有感情的。无论教育手段多么先进，也不能替代面对面的思想沟通；无论传媒手段多么发达，也不能替代人与人之间的感情交流。正是这种情感作用，才使得管理产生融洽和理想的效果，才能调动学生的积极性和主动性。要考虑每个学生的具体情况，采用学生最容易理解和接受的方式来实现管理。这样才能让学生乐于接受制度规范要求，主动地把其内化为自己的行为准则，从而形成良好的行为习惯和品质。

3. 营造良好的管理氛围

良好的管理氛围不仅要求管理者对学生要真诚、尊重、理解、关怀和信任，同时更要求管理者时刻注重自身形象，把形象育人作为管理育人的重要方式。要建立全员育人的机制，形成全员育人、全程育人、全方位育人的格局。要创造丰富多彩的校园文化，校园文化具有丰富的内涵，对学生具有潜移默化的教育和引导作用。通过校园文化活动，学生的业余生活更加丰富，能力得到锻炼，才干得到发挥，素质得到提高；学生在浓厚的校园文化氛围中，身心愉悦、拓宽视野，获得全面、和谐的发展。

（三）科学合理理念

科学管理是 20 世纪初在西方国家影响最大、推广最普遍的一种管理思想，其代表人物泰勒被称为“科学管理之父”。科学管理的实质在于将实践积累的管理经验加以标准化、系统化、科学化，用科学管理代替经验管理。科学管理的主体思想包括三方面：一是提高劳动生产率，这是科学管理的中心问题，是确定各种科学管理原理和方法的基础；二是在管理实践中建立各种明确的规定、条例、标准，使管理科学化、制度化，这是提高工作效能、达到最高工作效率的关键；三是科学管理不仅在于具体的制度和方法，而在于重大的精神变革。

我国高校学生管理中的科学管理，特征是规范化、制度化和模式化，其价值核心在于提高学生管理的效率，强调建立完备的组织机构、详细的工作计划、严格的规章制度、明晰的职责分工、管理的程序化和采用物质激励以及纪律约束与强制。在这种管理方式下，大学生的学习模式、纪律制度、行为准则、运作程序都实现了规范化；信息传递、各项学习生活实现了程序化，最大限度地引导学生接受正确的价值取向，实现管理效能的最大化。具体到高校学生管理工作中，就是要做到以下几个方面。

（1）要用科学完备的制度规范引导人。尊重不等于放纵，没有规矩不成方圆。养成良好的行为习惯是学生成才的重要维度。为此，要大力加强大学生管理的制度建设，建立科学、规范的大学生管理体制体系。

（2）要构建平等和谐的师生关系，在师生互动中实现管理的和谐。管理者不应是高高在上的发号施令者，而应是积极的引导者和平等的协商者。管理者要以学生为友，平等地与学生交流，尊重学生的个性，真诚地为学生提供学业指导、生活帮扶和心理辅导。管理者尤其是辅导员老师，要在管理过程中创造性地展示自己的才华，在与学生的交往、交流中实现自己的理想与人生价值，真正做到互为主体、教学相长。

（3）要建立一体化工作体制机制和运行模式。加强学生工作机构的建设，强化其组织协调功能，理顺学生管理系统各部门、各层次、各岗位的职责权限关系，使管理工作与教学工作、课堂内的管理与课堂外的管理、学院与机关、机关各职能部门以及各管理者之间坚持统一标准、形成合力、互相促进。

（四）规范法治理念

依法管理是依法治国方略在高校的具体体现。大学生管理强调依法管理，是指大学生管理必须以法律为依据，符合法律要求。也就是说，大学生管理过程中的决策、计划、组织和控制，都必须纳入法律轨道，不能违法违规。大学生管理坚持依法管理，是大学生管理自身的发展需求。一方面，管理对象发生了较大变化，大学生的维权意识显著增强。另一方面，管理工作面临诸多新情况、新问题。比如国家助学贷款违约、学生就业签约违约、在校学生结婚、学生意外伤害或死亡处理、学生心理问题及隐私保护等。这些新情况、新问题对大学生的依法管理提出了迫切要求。因此，大学生管理工作的领导者和实施者要做到以下几点。

1. 加强法律知识学习，增强法律意识

新中国成立以来，国家制定了《中华人民共和国教育法》《中华人民共和国高等教育法》《中华人民共和国教师法》等法律，国务院还颁布了《中华人民共和国学位条例》《普通高等学校学生管理规定》《教育行政处罚暂行实施办法》等200多个法规、规章，基本形成了以《中华人民共和国教育法》为核心的教育法律法规体系。大学生管理的领导者和实施者不仅自身要认真学习、深刻理解这些法律条文，还要做到关键问题心中有数，疑难问题随时查询。同时，还要注意引导学生积极学习各种常用的教育法律、法规和规章，了解自己的合法权利、义务，增强依法维权和依法履行义务意识，养成良好的学法、守法的习惯，为适应社会、推动国家法治建设夯实基础。

2. 依法制定符合学校实际的规章制度

目前，大学生管理的一般性法律法规已经比较健全，但是不同类型、不同层次、不同地区的高校有着不同的学生管理具体实际，需要按照《普通高等学校学生管理规定》等部门规章，制定适合学校实际的内部具体规章制度。

3. 严格遵守法律法规，规范与保护相结合

要把对学生的规范管理与对学生合法权益的有效维护结合起来，既严格要求又要充分尊重和平等对待。尤其是在处理违规违纪学生时，一定要做到事实清楚、证据确凿、使用法律法规正确恰当、处理程序符合相关法律规定，做到不滥用职权、不越权、不以权谋私，确保公平公正公开。

二、高校学生管理的基本原则

高校学生管理的基本原则是以马克思主义关于人的全面发展的学说为思想基础，以社会主义高等学校人才培养规格为管理目标，以教育科学和管理科学理论为依据，在长期的管理实践中，认真总结大学生管理活动的经验教训，不断归纳提炼出来的，是大学生管理活动发展到一定阶段的必然产物。它有着丰富的内容，是一个多层次的、相互联系的完整体系。它主要包括以下几项原则。

（一）方向性原则

大学生管理坚持方向性原则，是涉及培养什么人、如何培养人的根本性问题。大学生管理是高校办学的重要方面，是学校育人环节的重要一环。我国大学的主要目标是培养合格的社会主义事业建设者和可靠接班人，大学生管理工作直接影响这一目标的实现。方向性原则是指确定大学生管理的目标，进行大学生管理活动，要与高校育人工作的总目标相一致，要与党和国家的教育方针、规范、政策和法律法规中规定的教育目标、管理目标等相一致。方向性原则是大学生管理中具有决定意义的基本原则。只有坚持这一原则，才能促进大学生管理沿着高等教育育人工作的总目标发展，才能保证大学生管理的正确方向，才能有利于培养全面发展的社会主义事业建设者和接班人。坚持方向性原则是大学生管理的社会属性决定的，也是我国大学生管理历史经验的总结。

大学生管理中坚持方向性原则，需要做到以下三点。

1. 增强管理者的政治意识

大学生管理是具有鲜明的政治方向、价值导向的。任何社会的大学生管理都是为一定社会阶级服务的。不同社会的大学生管理目的、理念、任务、方式和方法等，是有着显著差异的。然而，在我们的管理理论和实践中，往往存在着忽视管理的政治功能和价值导向的现象。一些人甚至不认为大学生管理有何方向性可言。因此，体现大学生管理的方向性，首要的问题就是增强管理者本人的政治意识，促进管理者有意识地在管理过程中思考管理的政治方向和价值导向。管理者要把方向性要求贯穿在大学生管理全过程和具体的活动中，引导广大学生积极投身改革开放和社会主义现代化建设，在为祖国、为人民的不懈奋斗中实现自己的人生价值。

2. 以制度的合法性体现管理的政治导向性

坚持方向性原则，就必须自觉接受党的领导，其核心是坚决贯彻党的方针、路线、政策。学校的各项制度就是贯彻党的方针、路线、政策的主要载体，是一定社会政治方向、价值导向等的具体体现。因此，学校层面制定的各类大学生管理制度，一定要与国家的法律、法规相一致，通过合法制度来保障大学生管理的方向性。要注重把方向性原则融入制度建设和执行的全过程，使学生坚定社会主义的理想信念，在实践中成长成才。

3. 按时代需求及时调整管理目标

坚持方向性原则不仅体现在政治方向上，而且体现在管理是否能为党和国家的中心任务服务。不同时期，党和国家的任务是不同的，对人才的需求也是不同的。这就要求大学生管理要紧扣时代主题，不断调整管理目标，创新管理模式。目前，发展是时代主题，经济建设是党和国家的中心任务，要根据这一中心任务制定具体的大学生管理目标。

（二）发展性原则

大学生管理坚持发展性原则，包括两方面：一是管理工作本身要不断发展；二是通过管理促进学生的全面发展。从管理工作本身来看，随着我国社会政治、经济、文化的不断发展，社会生活发生了复杂而深刻的变化，大学生管理工作的形势、环境、对象、任务发生了深刻的变化，这就要求管理的体制、机制不断变化，管理方式、目标、途径及时调整，以确保大学生管理工作的实效。

大学生管理中坚持发展性原则，需要做到以下三点。

1. 要树立发展意识

思想是行动的先导，有什么样的发展理念，就会有与之相应的管理方式和结果。传统的大学生管理重管理，把管住学生作为学生管理的出发点。个别管理者往往以强硬的制度规范约束学生的行为，以训诫、命令代替沟通。这些方式往往会伤害学生的自尊心，挫伤学生的自主性，有悖于学生的全面发展。大学生管理坚持发展性原则亟须转变传统的观念，要有意识地把学生全面发展作为管理活动开展的前提。在大学生管理中，牢固树立促进学生全面发展的责任感和紧迫感，打破思维定式，以新的发展观念指导管理决策，设计管理计划，谋划学生的全面发展。

2. 要不断推动管理创新

通过管理促进学生全面发展，需要同时注重管理本身的发展，而管理的发展实际上是创新。服务于学生全面发展的管理创新就是在遵循大学生管理规律基础上，与时俱进，坚持继承与创新相结合，创造性地开展工作，促进学生全面成长和成才。目前，大学生管理的机制、途径、方法与载体都是在过去的环境条件下针对过去的情况产生的。但是随着社会经济和科技的迅速发展，大学生管理工作面临着新环境、新问题，大学生在思想上出现了迷惑和困扰，在观念上呈现出多元化特点。如果固守原有的管理方法，必然不能较好地适应今天的需要，解决不了今天的问题。为此，创新大学生管理工作成为时代和社会赋予的重任。

3. 要统筹各方面的资源形成促进学生发展的合力

一直以来，我们在高校管理的实践工作中都强调高校学生管理包括管理学生和服务学生两大方面。但在具体操作上，管理却总是多于服务。实践证明，把职业生涯规划、生活帮扶、大学生就业指导、心理辅导等贯穿管理始终更易于发挥学生的主观能动性、激发学生的创造性，从而促进学生的发展。要理顺学校各管理部门的关系，通过部门间的相互协调、相互联系，从而将组织内部各个要素联结成一个有机整体，使人力、物力、财力、时间和信息等资源得以最佳配置，形成促进学生发展的合力。

（三）激励性原则

激励性原则是指大学生管理中利用一定的物质手段或精神手段，促成学生思想行为的变化，调动学生的积极性、创造性，使学生的潜能得到最大限度的发挥，从而实现管理目标的基本准则。在大学生管理中，恰当运用激励性原则，将使管理活动更易于被学生接受，更好地实现管理目标。

激励的效果取决于在激励过程中采取的手段、方式能否针对大学生的发展实际、能否满足大学生的需要、能否在大学生内心形成自我激励的内在动力等。大学生管理中坚持激励性原则，需要做到以下三点。

1. 运用正向激励手段

在大学生管理过程中科学、合理地运用激励机制，有助于调动大学生的能动性和创造性，改变大学生的观念、行为。正向的激励主要有两种：一种是物质上的，主要是指金钱或是实物，物质利益的需求和满足是人生存和发展的一个必备条件。对学生进行一定的物质激励，有助于调动学生的积极性、主动性。另一种是精神上的，主要是指通过各种形式的表扬，给予一定的荣誉。正向的激励有助于学生将外部的推动力量转化为自我奋斗的动力，充分发挥自身潜能，从而有效地激励学生成长成才。在大学生管理中，要协调好物质激励和精神激励的关系，依据学生的实际采取相应的激励手段，确保管理效果。

2. 在管理中树立典型

通过榜样进行激励，使人有目标、有方向。因此，要善于树立榜样、培养榜样、宣传榜样，并鼓励学生学习榜样、争做榜样、成为榜样。

3. 采取情感激发的方式

情感是人格发展的诱因，是青年追求美好生活的动力。要确保管理目标的实现，一般都要有感情的催化。当管理者与学生平等对待、敞开心扉、相处愉快时，管理活动就比较容易开展；当双方针锋相对、互不理解时，学生往往产生抵触情绪，管理效果就会打折扣。因此，要求管理者不仅要以制度约束人，而且要以真情感染人，注重沟通、消除疑虑，用欣赏的眼光去看待学生，使每一个学生的需求得以尊重、困惑得以解决、特长得以发挥。

（四）自主性原则

自主性原则是指高校在进行大学生管理时，引导大学生参与到管理过程中来，并充分调动大学生的积极性和创造性，进行民主管理，实现自我管理和自我服务。大学生管理遵循自主性原则有两方面的意义：一方面有利于育人目标的实现。管理的目标是育人，这就要求将外在的行为规范转化为内在的思想观念，从而支配管理对象的行为。如果不调动学生的主观能动性，学生就难于接受管理，管理的实效性就难于发挥。另一方面有利于满足学生自主管理的现实需求。随着我国社会主义市场经济体制的不断完善，高等教育逐步走向经济社会发展的前台，市场经济的自主、平等、竞争、法治精神对高校师生的影响不断深化，大学生自主意识不断增强。大学生渴望在各项事务管理中充当主角，自己管理自己，充分发挥主观能动性，实现自我管理、自我服务。

大学生管理中坚持自主性原则，需要做到以下三点。

1. 唤醒学生的自主管理意识

在大学生管理过程中，要营造轻松、愉快、快乐的氛围，使学生的自主需求得到尊重。同时，要使学生体会到自主管理的成就感，享受自主管理收获的成果。

2. 打造学生自主管理的平台

辅导员要抓好班委会、团支部、学生会等以学生组织为载体的自主管理平台，增强凝聚力、吸引力，建立定期流动机制和激励机制，充分保证学生广泛地参与到自主管理中来。作为辅导员，要敢于充分“放权”，敢于把大学生管理工作交给学生，实现学生的自我管理、自我服务。

3. 加强对学生自主管理的指导

自主管理不等于放任自流，必须加强自主管理的指导，才能保证管理的方向和实效。怎样才能保证管理的方向和实效呢？主要有以下四个步骤：明确方向、定准目标，告诉学生工作要达到的程度和要取得的效果；定好标准、明确思路，告诉学生怎样开展工作；做好监督，对学生任务执行情况进行跟踪观察，时刻关注工作进展情况；及时反馈，帮助学生及时调整方向，确保学生工作在正确的轨道上进行。

第三节　高校学生管理的过程与方法

高校学生管理是过程、方法、结果的集合体，是一个复杂的系统工程。深入剖析其过程并选择科学合理的方法，是把握其管理客观规律的首要前提，是推动管理结果达到预期目标的重要保障。

一、高校学生管理的主要过程

大学生管理过程是大学生管理工作者对影响和制约大学生发展和成长的各种因素及其相互关系及时做出相应调整，以实现整体目标的主要步骤、阶段、程序。大学生管理过程的实质就是要把握组织环境、管理对象变化、发展的情况，并根据组织目标，适时调节管理活动，在动态的情况下做好管理工作。充分认识和掌握管理过程，对于做好大学生管理工作具有非常重要的意义。因为管理行为并不能直接达到管理的目的，管理行为是一种周而复始的动态运行过程，管理的目的就是在这种管理过程中实现和完成的。充分认识和理解大学生管理过程，才能既从局部上理解管理行为的各部分内容，有助于做好大学生管理的各部分工作，又能从整体上理解由各部分内容结合而成的全部管理活动，有助于做好大学生管理的全部工作。大学生管理过程主要有以下环节。

（一）学生管理决策

大学生管理决策是指大学生管理工作者为了达到一定的目标，在掌握充分信息和对有关情况进行深刻分析的基础上，运用科学的方法，从两个以上的可行性方案中选择一个合理方案的分析判断过程。大学生管理决策过程包括研究现状、确立目标、拟定决策方案、比较与选择方案等阶段性的工作内容。

1. **研究现状**

有问题有待解决才需要决策，决策是为了解决一定的问题而制定的。因此，制定决策首先要分析问题是否已经存在，是何种性质的问题，是否已经对社会、学校、大学生自身以及未来发展产生了不利影响。分析大学生学习、生活、各种能力的培养、实践活动以及未来就业、创业等可能遇到的种种问题和面临的挑战，确定问题的性质，把问题作为决策的起点。当然，研究这些问题的主要人员是学校高层管理人员，这不仅因为他们要对学校的发展负责、对学生的未来发展负责，而且因为他们在学校所处的地位使他们能够通观全局、高屋建瓴，易于找出问题的关键所在。

2. **确立目标**

在分析了大学生学习、生活、各种能力培养、实践活动以及未来就业、创业等可能遇到的种种问题和面临的挑战后，还要进一步研究针对问题将要采取的各种措施应符合哪些要求、必须达到何种效果。也就是说，要确立决策的目标。这是因为，确立决策目标具有以下作用：一是保证学校内部各种目标的一致性；二是为动员和分配学校的各种资源提供依据；三是形成一种普遍的思想状态或气氛，如促成一种井然有序的学习、生活秩序，形成积极投身社会实践的传统，培养一种开拓创新的良好氛围；四是帮助那些能够和学校目标保持一致的学生形成一个学习、实践活动和生活核心，同时为阻止那些不能与学校目标保持一致的学生进一步参与此类活动提供一种解释；五是促成把学校总目标和不同阶段目标转化为一种分工结构，包括在学校内部把任务分配到各个责任点上；六是用一种能够对组织各项活动的成本、时间和成效等参数加以确定和控制的方式，提供一份关于组织目的和把这种目的转化为分阶段目标的详细说明。

要确立目标需做好以下几方面工作：一是提出目标。这一目标包括上限目标（理想目标）和下限目标（必须实现的目标）。二是明确多元目标之间的相互关系。大学生管理目标是多重的，但是对于不同年级、不同专业的学生来说，其目标的相对重要性是不同的。在特定时期，决策只能选择其中一项作为主要目标。然而，多元目标之间的关系是既相互联系又相互排斥的，如对毕业班的大学生来说，考研究生和考公务员与求职之间就是这种既相互联系又相互排斥的关系。因此，在选择了主要目标后还要明确它与非主要目标之间的关系，以避免在决策的实施过程中将主要精力和时间投放到非主要目标活动中去，避免“捡了芝麻，丢了西瓜”。三是限定目标。目标的执行有可能给学校和大学生带来有利的结果，也可能带来不利的结果。限定目标就是要把目标执行的有利结果和不利结果加以权衡，规定不利结果在何种程度上是允许的，一旦超越这一程度则必须停止原计划，终止目标活动。一般说来，不论是何种目标都必须符合三个基本特征：能够计量、规定期限和确定责任人。

3. **拟定决策方案**

决策的关键在于选择，而要做出正确选择就必须提供多种可供选择的方案。从实践来看，任何目标都可以通过多种不同的活动来实现，而不拟出几个实现它的抉择方案的情况是很少的。对于主管人员而言，如果只有一种行事方法，那么这种方法很可能就是错误的。决策方案描述了学校为实现目标拟采取的各种对策的具体措施和主要步骤，因为目标的实现可以采取多种不同的活动，所以应该拟定出不同的方案。

首先，要确保有足够多的方案可供选择。为了使方案的选择有意义，不同方案必须相互区别而不能相互包容。假如某个方案的活动能够包含在另一个方案之中，那么这个方案就失去了存在的意义和价值。然后，形成初步方案。一般说来，任何一个方案的产生都应该建立在对环境的具体分析和发现问题的基础之上，再根据问题的具体性质以及解决问题所要达到的目标，提出各种改进设想，并对设想进行分析、整理和归类，进而形成各种不同的初步方案。最后，形成一系列可行方案。在对各种初步方案进行遴选、补充的基础上，对遴选出来的方案做进一步完善，并预计其实施结果，这样便会形成一系列不同的可行方案。

4. **比较与选择方案**

要选择方案，首先要了解各种方案的优劣。为此，需要对不同方案加以评价和比较。这种评价和比较主要包括如下几方面：一是实施方案所需要的条件能否具备，具备这些条件需要付出何种成本；二是方案实施能够给学校和学生各自带来什么利益（包括长期利益和短期利益）；三是方案实施中可能遇到哪些问题，其导致活动失败的可能性有多大。根据上述评价和比较，便可以寻找出各种方案的差异，分析出各种方案的优劣。在此基础上进行的选择，不仅要确定能够产生综合优势的实施方案，而且要准备好环境发生变化时可以启用的备用方案。确定备用方案的目的是对可预测到的未来变化准备充分的必要措施和应急对策，避免在情况发生变化后因疲于应付而忙中添忙、乱中增乱或束手无策，从而蒙受损失。

（二）学生管理计划

计划过程是决策的组织落实过程，决策一旦做出，计划就要紧紧跟上。计划是对决策目标的进一步展开和落实，离开了计划，决策便失去了意义。

大学生管理计划就是在决策既定目标的前提下，进一步根据实际情况，科学地、及时地预计和制订为达到一定的目标的未来行动方案。具体来说，就是通过将学校在一定时间内的活动任务分解给学生管理的每个部门、环节和个人，从而不仅为这些部门、环节和个人的工作以及活动的检查与控制提供依据，而且为决策目标的实现提供组织保证。

大学生管理计划是一个协调过程，它给学生管理部门和学生管理工作者以及学生指明了方向。当所有有关人员了解了组织的目标和为达到目标他们必须做出的贡献时，他们便开始协调活动，互相合作、形成团队。而缺乏计划则会走许多弯路，从而使实现目标的过程无效率而言。大学生管理计划可以促使学生管理部门和学生管理工作者展望未来、预见变化以及制定适当的对策，同时减少不确定性、重叠性和浪费性的活动。同时，大学生管理计划还能通过设立目标和标准进行控制。在计划中必须设立目标，而在控制职能中，人们又会将实际的绩效与目标进行比较，如果发现发生重大偏差，需采取必要的校正行动。可以说，没有计划，就没有控制。

1. **大学生管理计划的制订**

一般来说，制订大学生管理计划可遵循以下程序。

（1）收集资料，为计划的制订提供依据。计划是为决策的组织落实而制订的。了解决策者的选择，理解有关决策的特点和要求，分析决策制订的大环境和决策执行的条件要求，是制订行动计划的前提。由于计划安排的任务需要不同专业、不同年级的大学生利用一定的资源去完成，因此，计划的制订者还应该收集反映不同专业和不同年级学生的活动能力以及外部有关资源供应情况的资料，从而为计划制订提供依据。

（2）目标或任务分解。目标或任务分解是将决策确定的学校总体目标分解落实到各个部门、各个活动环节，将长期目标分解成各个阶段的分目标。通过分解，便可以确定学校的各个部分在未来各个时期的具体任务以及完成这些任务应达到的具体要求。分解的结果是形成学校的目标结构（包括目标的时间结构和空间结构）。目标结构描述了学校中较高层次的目标（总体目标和长期目标）与较低层次目标（部门、环节、个人目标与各阶段目标）相互间的指导（如总体目标对部门目标、长期目标对阶段目标）与保证（部门目标对整体目标或阶段目标对长期目标）关系。

（3）目标结构分析。目标结构分析是研究较低层次目标对较高层次目标的保证能否落实，亦分析学校在各个时期的具体目标是否能够实现，能否保证长期目标的达成，学校的各个部分的具体目标是否能够实现，能否保证整体目标的达成。如果处于较低层次的某个具体目标尚不能实现，那么就应该考虑能否采取一些补救措施，倘若做不到这一点，就应该考虑调整较高层次的目标要求，有时甚至要对整个决策进行重新修订。

（4）综合平衡。一般而言，综合平衡工作应着眼于以下几点：一是分析由目标结构决定的或与目标结构对应的学校各部分在各时期的任务是否相互衔接和协调。具体来说，就是分析任务的时间平衡和空间平衡。时间平衡是要分析学校在各阶段的任务是否相互衔接，从而能否保证学校活动顺利进行；空间平衡则要研究学校的各个部分的任务是否保持相应的比例关系，从而能否保证学校的整体活动协调进行。二是研究学校活动的进行与资源供应的关系，分析学校能否在适当的时间筹集到适当品种和数量的资源，从而能否保证学校活动的连续性。三是分析不同环节在不同时间的任务与能力之间是否平衡，即研究学校的各个部分是否能够保证在任何时间都有足够的能力去完成规定的任务。由于学校的外部环境和活动条件会发生这样那样的变化，这样就可能导致任务的调整，因此，在任务与能力平衡的同时，还应该留有一定余地，以保证这种可能产生的调整在必要时能够顺利进行。

2. **大学生管理计划的执行**

制订计划的目的在于执行计划，而计划的执行需依靠学生管理工作者和大学生的共同努力。因此，能否保质保量完成计划，在很大程度上取决于在计划执行过程中能否充分调动广大学生管理工作者和大学生的积极性。在综合平衡的基础上，学校便可以为各个部门制订各个时段的行动计划（如长期行动计划、年度行动计划、季度行动计划），并下达执行命令。

3. **大学生管理计划的调整**

在计划执行的过程中，有时需要根据实际情况做出调整。这不仅是因为计划活动所处的客观环境可能发生变化，而且可能因为人们对客观环境的主观认识有了改变。为了使大学生的各种组织活动更加符合环境特点的要求，必须对计划进行适时的调整。而滚动计划就是为了保证计划在执行过程中能够根据情况变化适时修正和调整的一种现代计划方法。这种移动使短期计划、中期计划有机结合起来。由于计划工作中很难准确地预测将来影响发展的各种变化因素，而随着计划的延长，这种不确定性就越来越大，如果一定要按几年以前的计划实施，可能会带来一些不必要的损失。采用滚动计划能够避免这种不确定性所带来的不良后果。滚动计划的基本做法是制定好学校在一个时期的行动计划后，在执行过程中根据学校内外条件的变化定期地加以修改，使计划不断延伸、滚动向前。滚动计划方法主要应用于长期计划的制订和调整。这是因为长期计划面对的环境比较复杂，采用滚动计划可以根据环境变化和学校内部活动的实际进展情况适时进行调整，以便使学校始终有一个为各部门、各阶段活动进行引导的长期计划。当然，这种计划方式也可以应用于短期计划工作，如年度计划和季度计划的制订和修订。

（三）学生管理组织

大学生管理组织就是高校学生管理机构和学生工作管理者为了有效地实施既定的计划，通过建立管理机构，确定职位、职责和职权，协调相互联系，从而将组织内部各个要素联结成一个有机整体，使人力、财力、物力、信息、时间、技术等资源得以最佳配置和利用。

大学生管理机构设置是否科学合理，组织工作是否有效，直接关系到大学生的成长和未来发展，关系着大学生管理目标的实现。要有效地实施大学生管理，一定要使大学生管理组织机构科学化、合理化。为此，就需要构建一套科学的大学生管理机构体系并使之有效发挥职能。

1. 大学生管理机构及其职能

当前，我国各高校的学生管理工作已形成了比较一致的组织结构形式，具体表现为：学校党委和学校行政→校党委副书记和副校长→学生工作处和团委→院系党总支副书记→年级辅导员→学生会。

（1）学生工作处。学生工作处同时具有行政管理职能和思想政治教育职能，既负责学生的招生、就业、奖惩、生活指导、日常行为管理等行政管理工作，又负责新生入学教育、日常思想教育和毕业生就业思想教育。如此安排，既为管理和教育有机结合提供了组织保障，有益于全校学生工作在学校党委宏观指导下有步骤有计划地进行，又能克服管理和教育脱节两张皮现象。

（2）团委。团委在大学生管理方面的主要职能是：在学校党委的领导下，全面负责大学生团组织的建设和管理；负责对学生会和学生社团的管理和指导；组织和指导学生的社会实践活动和志愿者活动等。

（3）学生会。学生会具有比较完整的组织系统，包括校学生会、院（系）学生会以及各班级的班委会。学生会具有比较严密的管理系统，各部门、各成员之间既有分工又有合作，既是相对独立的又是一个整体。要使大学生管理工作有效实施，必须完善、巩固和依靠学生会组织。对学生组织，学校上级管理部门除了给予必要的指导外，在财力上也要给予一定的支持。同时，还应该给予他们一定的权力和地位，充分发挥他们的积极性和主观能动性。因为学生会组织的结构设置涉及广大学生的方方面面，代表的是广大学生的利益，所以如何使学生会组织真正起到学生与学校之间的桥梁作用，对有效实施大学生管理非常重要。

（4）大学生自我管理委员会。目前，有一些高校开始尝试设置大学生自我管理委员会，其一般挂靠在校学生处或团委，下设生活保障部、宿舍管理部和风纪监察部等机构。生活保障部的主要任务是参与创建文明食堂的宣传和教育，其目的在于美化就餐环境，维护就餐秩序，对不文明行为进行纠正和制止，创建文明的生活环境。宿舍管理部主要是与学校宿舍管理办公室或物业管理部门共同对宿舍进行管理，以求为广大学生营造一个清洁、安静、舒适的学习和生活环境。风纪监察部的主要职责在于整治校园环境，可定时、定点或随时随地对学生中发生的违纪行为进行监察；同时还承担着维护食堂秩序、学校巡视以及检查学生上课迟到、早退等方面的工作。

2. **大学生管理者的职务设计**

著名管理学家哈罗德·孔茨说过："为了使人们能为实现目标而有效地工作，就必须设计和维持一种职务结构，这就是组织管理职能的目的。"为了提升大学生管理工作成效，各高校正在进行学生管理工作者的新的职务设计，力求实现学生管理工作者的"三化"，即职业化、专业化和专家化。大学生管理工作是集理论性、知识性、实践性、时代性和时效性于一体的工作，它致力于大学生的成长和发展。学生管理工作者既应该是学生教育管理服务工作的多面手，又应该是学生就业指导、生活学习指导、成才指导、心理咨询、形势与政策教育等方面的专业人才，唯有如此才能满足学生管理工作的需要，提高管理成效。在实际工作中，学生管理工作者不仅能应付日常事务，还要认真研究学生工作中出现的新问题，把学生管理工作当作一种事业去经营、去追求，掌握学生管理工作的规律和艺术，成为学生管理工作方面的专家学者。

3. **大学生管理队伍的人员配备**

为了进一步提高高校学生管理的水平和成效，各高校应该根据教育部的要求和实际工作需要，科学合理地配备足够数量的学生管理工作队伍，在保证数量的基础上，专兼职相结合，不断优化结构。目前，各高校的学生管理工作基本上采取院系主要负责制，由院党委副书记、专职辅导员及兼职辅导员协同工作。此外，基于目前大学生就业形势的日益严峻，不少高校在大学生管理队伍中尝试配备职业指导人员，旨在为大学生成功就业提供指导和必要的帮助。

二、高校学生管理的基本方法

大学生管理的基本方法是各国高校学生管理者常用的、最基础的管理方法，如目标管理法、民主管理法、刚性管理法、柔性管理法、系统管理法等。在此基础之上，延伸出的其他方法更是不胜枚举。本节简要介绍以下几种基本方法。

（一）目标管理法

目标管理是1954年由管理大师彼得·德鲁克提出来的。德鲁克认为，为了充分发挥不同组织成员在计划执行中的作用，必须把组织任务转化成总目标，并根据目标活动及组织结构的特点分解为各个部门和层次的分目标，组织的各级管理人员根据分目标的要求对下级的工作进行指导和控制。目标管理要求组织内的每一个人、每一个部门全力配合实现组织的目标，对于分内的工作自行设定目标、决定方针、编订制度，以最有效能的方法达成目标，并经由检查、绩效考核、评估目标达成状况及尚需改善之处，作为后续目标设定的参考依据。

1. **目标管理的程序**

（1）设定目标。设定目标包括确定学校的总目标和各部门的分目标。总目标是学校在未来从事活动要达到的状况和水平，其实现有赖于全体成员的共同努力。为了帮助大学生实现目标，各个部门的各个成员都要建立和学校目标相结合的分目标。这样就形成了一个以学校目标为中心的一贯到底的目标体系。在设定每个部门和每个成员的目标时，大学生管理部门和学生管理工作者要向学生提出自己的方针和目标，学生也要根据学生管理部门和学生管理工作者的方针和目标制定自己的目标方案，在此基础上进行协调，最后由学生管理部门和学生管理工作者综合考虑后做出决定。

具体来说，设定目标就是要做到每个院系、每个班级在不同的阶段都要设定不同的目标，如学习目标、实践能力目标、纪律目标、卫生目标以及道德修养和人生理想目标，并以此作为努力的方向。同时，还要注意目标的设定一定要明确清晰、能够量化。要求要适度，既要具有挑战性，又是通过努力可以达成的。此外还要为目标的实现确定一定的时程，即目标实现要有一定的时间限定，不能无休止。

（2）执行目标。各层次、各院系的大学生为了达成分目标，必须从事一定的活动，同时在活动中必须利用一定的资源。为了保证他们有条件组织目标活动，就必须赋予他们相应的权力，使之能够调动和利用必要的资源。有了目标，大学生们便会明确努力的方向。而有了权力，就会产生强烈的与权力使用相应的责任心，从而充分发挥自己的判断能力和创造能力，使目标执行活动有效地进行。

(3) 评价结果。成果评价既是实行奖惩的依据，也是上下左右沟通的机会，同时还是自我控制和自我激励的手段。成果评价包括学生管理机构和学生管理工作者对学生的评价，学生对学生管理部门机构和学生管理工作者的评价，同级关系部门相互之间的评价以及各层次自我的评价。这种上下级之间的相互评价既有利于信息和意见的沟通，也有利于组织活动的控制。而横向的关系部门相互之间的评价，也有利于保证不同环节的活动协调进行。而各层次中学生的自我评价则有利于促进他们的自我激励、自我控制以及自我完善。

(4) 实行奖惩。学生管理部门和学生管理工作者对不同成员的奖惩，是以上述各种评价的综合结果为依据的。奖惩可以是物质的，也可以是精神的。公平合理的奖惩有利于维持和调动大学生饱满的工作热情和积极性，奖惩有失公正，则会不利于大学生行为的改善。

(5) 确定新目标。开始新的目标的管理循环。成果评价与成员行为奖赏，既是对某一阶段组织活动效果以及成员贡献的总结，同时也为下一阶段的工作提供了参考和借鉴。在此基础上，为各组织及其各层次、部门的活动制定新的目标并组织实施，便展开了目标管理的新一轮循环。

2. 实施目标管理应遵循的原则

(1) 授权原则。即在大学生实施目标的过程中，学生工作管理者要能够给予学生适度授权。

(2) 协助原则。即学生工作管理者要给学生提供有关资讯及协助，并且要帮助他们排除实际执行中的一些困难，解决一些实际问题。

(3) 训练原则。作为高校学生工作管理者，一方面要进行自我训练，以不断提高自己目标管理的水平，另一方面还要训练学生，帮助他们掌握相关的方法。

(4) 控制原则。目标的实现是有期限的，为了确保目标的顺利实现，学生管理部门和学生工作管理者在每一阶段中都要对学生的活动加以监督、检查，对出现的问题及时进行协助矫正。

(5) 成果评价原则。成果评价原则由一系列原则构成，这些原则包括公开、公平、公正和成果共享原则。坚持公开原则就是要求公开评估，如学生进行自我评估，学生管理工作者进行客观评估。坚持公正和公平原则就是本着对事不对人的原则对目标达成情况进行客观比较。坚持成果共享原则要求充分肯定学生的成绩，将成绩归于学生。

（二）民主管理法

当前的大学生管理工作中，实施民主管理势在必行。对民主的追求是人的一种高层次追求。民主与人的素质有关，大学生作为文化素质比较高的人群对民主会有更高更切实的要求。对大学生实施民主管理，不仅有助于大学生学习、生活和社会实践活动的有效进行，也有利于大学生实现自身的全面发展。实施民主管理，应着力做到以下几点。

1. **尊重学生的主体性**

对大学生进行民主管理，就是要求在对大学生的管理中重视人的因素，也就是重视大学生的主体性，把大学生视为具有独立人格的个体。目前，有些学生工作管理者忽视学生的主体地位和平等独立的人格，例如，部分规章制度都是在学生不知情的情况下制定出来并要求学生遵守的，学生在这一过程中完全处于被动的位置。再如，为了执行上级任务，忽视学生主体意愿，单方面强制性开展活动。要实施民主管理，大学生管理工作者必须改变态度，充分尊重大学生的主体地位，将其视为实现教育目标的主体，实现学校特别是大学生管理工作者与学生之间的互动，倾听他们的心声，反映他们的要求。对大学生的重视和尊重，会激发大学生对学校和学生工作管理者的信任，进而支持其工作，如此就会达成学校和大学生管理工作者与大学生之间的相互信任、相互支持，从而取得良好的管理效果。

2. **正确认识学生的价值**

大学生管理的对象是大学生，大学生管理的目的在于促进大学生身心健康的发展，使其个性得到张扬。在大学生管理中，应该充分发扬民主，把大学生既看作是高校学生管理工作的对象，又看作是管理的主体。目前，有些高校的学生管理工作者在进行管理和教育的过程中，缺乏民主，忽视人的自觉性，重制度、轻教育，工作简单粗暴，奉行惩办主义，脱离育人的宗旨，导致师生关系紧张。这种管理方法必须摒弃，应转而采取民主的方法，应着力培养大学生的主体意识，引导大学生进行自我管理、自我教育、自我服务、自主发展等，促使其主体能力得到最大限度的发挥，为日后走向社会、走向工作岗位打下坚实基础。

3. **建立学生参与管理的新型管理模式**

从大学生的心理特征来看，他们正处于心理自我发现期，这一时期产生了认识和支配自我、支配环境的强烈意识，他们的思想和行为表现明显区别于中学生的相对独立的倾向，希望自己的意志和人格受到外界更多的尊重。他们会思考学校制定的规章制度、行为纪律的合理性，不想被动地处于服从和遵守的地位，而是要求参与管理。根据大学生的这一心理特点，大学生管理应该打破传统的专制管理模式，激励大学生在管理中展现主动精神和主人翁态度，鼓励大学生对学校的各项工作进行系统思考，形成民主管理的良好氛围，使学生真正参与到高校事务中来，体现学生的主体地位。例如建立学校与学生的平等对话关系，让学生参与到教学工作、管理工作、后勤工作、社团工作中来，这样不仅可以减少潜在冲突的发生，而且可以改善学校及学生管理工作者与学生的关系，建立彼此合作、相互依赖、相互尊重、平等对话的良性互动关系和双方主体间的伙伴关系。

（三）刚性管理法

刚性管理是指以规章制度为核心，凭借制度约束、纪律监督、奖惩规则等手段对组织成员进行管理。刚性管理是一种强调严格的控制，采取纵向高度集权的，以规章制度为核心的管理。规章制度往往是以规定、条文、标准、纪律、指标等形式出现，强调外在的监督与控制，具有很强的导向性、控制性，其约束力是明确的。俗话说：没有规矩，不成方圆。任何一个组织机构，它的正常运行和发挥效益都离不开严格的制度和规范。刚性管理是保证一个组织健康、正常运转所必须具备的管理机制的一个有机组成部分，它是以“合于法”为基本思路的管理方式和手段。

大学生正处于成长的关键时期，极易受外界环境的影响，惰性的增长较为容易，判断能力、自我控制能力也比较差。在自身发展过程中，表现出强烈的自我矛盾倾向。如自我意识虽强，但缺乏自我监督、约束和调控的能力。有自我设计、自我奋斗、自我选择、自我发展的欲望，但是又受到自身素质、能力和社会环境的限制。在此情形下，刚性管理不仅是必要的，而且也是行之有效的。刚性管理的出发点并不是为了惩罚学生，而是在“法理”的前提下，达到正确规范学生、约束学生的行为的目的，进而维护学校秩序，提高教育教学质量，提升学生的学习和活动效率，促进学生成长的目的。

刚性管理强调以外在的规范为主，它主要通过各项政策、法令、规章、制度形成有序的行为。管理者的意志通过这些具体条文体现，学生的一切行为都有章可循、有据可依，是非功过的评说都有统一的标准、统一的尺度。这些有形的东西不仅具有很强的可操作性，使学生有明确的行动方向，而且给学生以安全感和依托感，使学生放心地、充满希望地在制度框架内自由行动。实施刚性管理，应着力抓好以下几个环节。

1. 依法治校、依法管理，构建宏观管理体系

以管理主体结构为基础，构建新的学生宏观管理体系，以法治建设为手段，保证宏观管理的有序高效运行。随着教育活动层次和范围的不断拓展，教育行为的社会背景也发生了许多变化，学生不再被简单地当作学校管理的相对人，而是学校内部关系的权力主体，不仅承担义务，而且享有权利。2005 年 9 月，教育部新颁布的《普通高校学生管理规定》，明确提出了学生所享有的六项权利和应该履行的六项义务，为学生管理内容和范围提供了依据。

2. 制定校纪校规，严格管理

学校为了维护教学秩序和教育环境，必须对违反校规和屡犯错误的学生（如考试作弊、旷课、斗殴等）给予处分。当然，在管理制度上对违纪的处分标准要依法和清晰，不能恣意专断地滥用学生管理权。在做出涉及学生权益的管理行为时，必须遵守权限、条件、时限以及告知、送达等程序义务，做到程序正当、证据充分、依据明确、处分恰当。

3. 建立日常工作制度

学生管理的日常工作，有相当一部分是可预见的、有规律可循的。建立规范化的日常工作制度，既可以为学生工作在执行、管理方面提供制度上的保障，也便于监督，同时还能够提高工作效率，降低工作成本，减少违纪现象。

（四）柔性管理法

柔性管理是相对于刚性管理提出来的。进入 21 世纪，人类对管理的要求已经不单单停留在严格、规范、科学的层面，而是更强调人性间的相互关怀和人格尊重，旨在不断追求人与人之间的情感互动和心灵共鸣，从而共同实现组织目标。促进人的全面发展的管理活动越来越为人们所接受并运用。于是，柔性管理便应运而生。大学生管理亦是如此，它面对的是有思想、有感情、有追求的大学生，单纯的刚性管理已不能完全解决大学生管理中面临的许多问题，必须辅之以柔性管理。柔性管理坚持以人为中心，注重人文关怀和心理沟通，强调通过营造和谐的组织文化和共同的价值观，以增强组织的向心力和凝聚力，从内心深处激发每个成员的积极性、主动性和创造性。柔性管理是刚性管理的完善和升华，以刚性管理为基础和前提，旨在使组织焕发生机和活力。如果说刚性管理更多地表现为静态的外显行为，那么柔性管理则更多地表现为动态内隐的心理认同。但对于大学生管理而言，不管是刚性管理，还是柔性管理，其落脚点都是为了促进大学生的成长发展。因此，这两种方法在大学生管理中如同车之两轮、鸟之两翼，是相辅相成的，应该做到“共融、共生、共建”，以实现刚柔相济。

对高校学生管理工作者来说，柔性管理的精髓在于以学生为本，注重人文关怀，它强调在尊重大学生人格和尊严的基础上，充分发挥大学生的积极性、主动性和创新精神，使之在大学的学习、生活、能力培养、品格塑造、校园活动以及社会实践方面变被动为主动，变消极为积极，变他律为自律，促进大学生自我管理、自我约束、自我完善，趋善避恶，使之成长为适应社会需求的高素质、强能力、富有良好潜质和优秀品格的优秀人才。实施柔性管理，应该遵循以下几项基本要求。

1. **确立“以学生为本”的管理理念**

学生管理工作者在对大学生的管理中，必须确立“以学生为本”的管理理念，将“一切为了学生，为了学生的一切，为一切的学生”作为工作的出发点，整个学生工作围绕学生的全面发展来展开。为此，必须改革以管理者和管理制度为中心的传统管理，实现工作方式方法由管理型向引导服务型转变，由说教型向示范型转变，真正体现“以学生为本”的工作态度。把保障和维护学生的利益放在所有工作的首位，以促进大学生全面协调发展为目标，把管理与大学生的幸福、自由、尊严、价值目标联系在一起，切实做到在情感上感动学生，在人格上尊重学生，在学习上激励学生，在生活上关心学生，在成才上引导学生。尽一切力量在学生的学习、生活、实践等方面予以帮助和指导，最大限度地满足每一个学生成长成才的需要。

2. **进行个性化管理**

柔性管理的职能之一就是协调，而协调关系只能从个体开始。也就是说，学生管理工作者必须与具体的学生打交道，在打交道中形成共识，形成相似。心理学家在对魅力的研究中发现，人们对于与自己相似的个体容易保持好感，这是因为“相似性吸引”使然。因此，学生管理工作者应该由个体入手进行工作，实施个性化管理，凡事因人、因事、因时、因地而异，充分考虑学生的个性特点、兴趣爱好、个人定位、个人素质和能力、优势劣势以及未来的职业目标等因素，既考虑学生思想动态、心理变化以及需求的共性，又要兼顾学生不同性格特点、兴趣爱好、未来职业选择和职业目标的差异性，进行有针对性（必要时可以一对一）的个性化管理。

3. **发挥大学文化的引领作用**

大学文化虽然是一只无形的手、看不见的手，却是一所大学的灵魂之所在，它在塑造大学个性、凝聚广大师生员工的精神和灵魂方面发挥着巨大作用。健康向上、充满活力且体现时代精神的大学文化对学生价值观的形成、行为的规范、素养的提升具有潜移默化的影响。因此，在柔性管理中，应该发挥大学文化的引领作用，有针对性地将大学文化融于院风、班风、学风的建设之中，甚至融于一切活动中，以此培养大学生健康向上、积极进取的精神和良好的行为。这使之不仅掌握知识、发展能力，而且养成良好习惯、形成健康人格、优良品德，促进大学生的自我完善和不断成长。

4. **建立健全激励机制**

没有激励就没有动力，从某种意义上说，对大学生的管理就是围绕着激励展开的，激励是大学生自主性、主动性、积极性、创造性和潜力得以持续发展的动力源泉。从管理学角度看，人的所有行为皆由动机支配，动机又由需要来引发，无论何种行为，其方向都会指向目标，并进而满足需要。基于此，对大学生的管理也必须从培养全面发展的、适应社会需要的人才出发，从大学生的具体需要、动机、行为、目标入手，建立健全大学生激励机制，关注大学生的思想、情感、心理以及行动，帮助学生进行目标管理，指导学生进行职业生涯规划，为每个人的个性化发展拓宽空间。创造一种激励学生提高素质、强化能力、健全人格、激发创新、追求卓越的文化环境，激发学生夯实专业基础、不断提高能力水平、加强思想品德修炼，使之成为有理想、有目标、有追求、有能力的优秀人才。

5. **注重身体力行**

彼得·德鲁克在《有效的管理者》一书的前言中指出：管理工作在很大程度上是要身体力行的，如果管理者不懂得如何在自己的工作中做到卓有成效，就会给其他人树立错误的榜样。大学生管理的形式多种多样，诸如树立典型、学习材料、宣讲规范、个别谈心、反例警示、创造环境等。其中运用最多的是言教，而效果最好的是身教。身教重于言教。孔子说："其身正，不令而行；其身不正，虽令不从。"当代大学生崇尚人格魅力，高校学生管理人员要实现对大学生的有效管理，必须首先赢得大学生的尊重。而要做到这一点，除了自身德才兼备以外，还必须以自己的真诚无私去换取学生的真诚无私，以自己的善良正派去构筑学生的善良正派，以自己的务实强干引领学生的务实强干，以自己的纯洁美好去塑造学生的纯洁美好。唯有如此，学生管理工作者才能以榜样的力量激励学生，以高尚的人格感染学生，以实在的行动带动学生，使之产生强烈的认同感，消除其对抗情绪和逆反心理，促使其真正做到言行一致、知行合一。大量事实证明，学生管理工作者的身体力行，不仅可以提高管理的实效性，同时还可以减少重复劳动和无效工作。

（五）系统管理法

系统管理，即将相互关联的过程作为系统加以识别、理解和管理，以便组织提高实现目标的有效性和效率。

大学生管理具有系统性管理的特点，主要表现在以下几方面：

一是整体性。大学生管理作为一个系统是由多个子系统组成的，如教学管理、生活管理、社团管理、社会实践管理、就业管理等。这些子系统之间既是相互独立的，同时又存在着相互依存、相互影响和相互制约的关系。根据系统论思想，如果整个学生管理系统的各个子系统的功能都能发挥正常，那么整体的功能就会比较理想。即使某些子系统的功能发挥不甚理想，只要能够组成一个良好的有机整体，一般情况下也能够取得较为理想的效果，这就是所谓的整体大于部分之和。

二是关联性。大学生管理工作中的各要素既相互区别，又相互联系、相互作用、相互依存并各有分工。例如，社团管理与社会实践管理尽管分工不同，但彼此之间却又紧密相连，很多时候会表现出“你中有我，我中有你”。

三是环境适应性。特定的环境会实施特定的管理，大学生管理离不开特定的环境，如大学生专业知识的学习、实践能力的打造、品格素养的修炼等都需要在一定的环境中进行，离开一定环境是不可想象的。学生管理工作只有具备了环境的适应性，能够顺应环境、有效利用环境提供的有利条件，才会富有成效。

四是动态平衡性。学生管理系统的各要素在时间、空间和资源上的不同组合，要随着宏观环境即社会的变化发展而变化发展，对宏观环境要保持灵敏的适应性。如在当今金融危机背景下，社会对大学毕业生的素质能力提出了新的要求，上手快、学习能力强、富有创新精神成为许多用人单位的共同诉求，这就要求我们的学生管理工作必须改变传统的重知识灌输、轻学习能力和创新能力培养的教学管理模式，变单纯的知识教育为知识与能力培养并重，加大社会实践的力度以适应社会需求。与此同时，还需保持系统的动态平衡，即让系统的各要素在各环节上保持相应的比例关系，以免系统内部失调，影响整个系统的正常运转。

五是目的性。大学生管理系统是一个具有多种目标的系统。在这一系统中，既有总的目标，又有分目标，总目标、分目标有机结合形成一个目标体系，通过目标体系的不断优化，实现资源的有效利用。如一方面要最大限度地利用学校资源，另一方面还可以争取社会上一切可能的资源为我所用，以此推动学生管理工作的突破，为学生提供最大的发展空间。

实施系统管理，应着力抓好以下几个环节：

（1）建立一个多维立体的大学生管理体系，高效实现管理目标。这一体系应包括一种大学生管理的组织结构，一种符合大学生学习、成长特点和进一步发展的管理模式，一套标准化的工作流程，一套科学完善的大学生管理工作制度，一套行之有效的管理运作方法等。

（2）正确理解和把握体系内各过程的相互依赖关系。在一个体系中，各过程是紧密相连的，往往会牵一发而动全身。因此，作为学生管理工作者，应该力争在学生管理工作过程中做到统筹兼顾，实现体系内各个过程之间的相互协调与配合，谋求“1+1>2”的效果。

（3）各部门及人员须正确认识和理解为实现共同的目标各自所必须发挥的作用和担负的责任。作为同一系统的管理人员必须各司其职、各负其责，这样才能扫清职能交叉造成的障碍，顺利实现大学生管理的目标。

（4）大学生管理的决策者必须准确判断各个管理部门的组织能力，在行动前确定资源的局限性，避免因决策失误或考虑不周而造成人力、物力、财力的浪费。

（5）设定目标并据此制订计划、设计方案，确定如何有效运作本体系中的一些特殊活动，使之能够高水平完成。

（6）通过测量和评估，持续改进体系。通过完善测量、评估的制度与办法，探索建立评估制度体系，加强对评估指标体系和规范简便评估办法的研究，及时进行检查和评估，从而不断提高大学生管理的质量与水平，推进大学生管理目标的实现。

第四节　高校学生管理的价值

高校学生管理工作对社会进步、高等学校发展和大学生成功成才有着重要的价值和功能。全面认识大学生管理的价值功能与制度构成是大学生管理工作研究的重要课题，也是切实加强和改进大学生管理的理论基础。

一、高校学生管理工作的价值概述

在经济学领域中，价值指的是凝结在商品中的无差别的人类劳动。现在，价值范畴已经被广泛运用于社会政治、法律、道德、科技、教育和管理等各个领域之中，成了人们评价一切事物的普遍的范畴，因此价值范畴又具有了新的内涵。在哲学意义上的价值是指客体对于主体的作用和意义，它体现了客体的属性和功能与主体需求之间的一种特定关系，即：客体属性和功能对主体需要的满足关系。价值作为一个关系范畴，不能离开主客体中任何一方而存在。一方面，价值离不开主体，主体的需要是衡量价值的尺度，只有满足主体需要的事物或对象才具有价值；另一方面，价值也离不开客体，客体的属性和功能是价值的载体。价值的实质就是客体的属性和功能对主体需要的满足。

高校学生管理工作的价值是指高校学生管理对于社会、高等学校和大学生所具有的作用和意义，也就是高校学生管理的属性和功能对社会进步、高等学校发展和大学生成长、成才需要的满足。大学生管理价值的客体是大学生管理本身。大学生管理具有对大学生的成长和发展、对高等学校实现教育目标、对培养社会合格人才发挥作用的属性与功能。正是大学生管理的这些属性和功能构成了大学生管理价值的基础，其具有下述显著特点。

1. **直接性与间接性**

就其作用的形式而言，大学生管理对其价值主体的作用，有直接作用和间接作用。因此，大学生管理价值也就具有直接性和间接性的特点。大学生管理价值的直接性是指大学生管理能够不经过中间环节而直接作用于价值主体，以满足其一定的需要。一般说来，大学生管理对大学生的影响和作用往往就是直接发生的。大学生管理价值的间接性是指大学生管理需要通过一定的中间环节而间接作用于价值主体，以满足其一定的需要。一般说来，大学生管理对于社会的影响和作用往往就是通过对大学生的影响和作用而间接发生的。

2. **即时性与积累性**

大学生管理以自身的属性和功能对价值主体某种需要的满足总要经过一个或短或长的过程，因此，大学生管理价值也就具有即时性与积累性的特点。大学生管理价值的即时性是指大学生管理活动在短时间内就能够迅速达到目标，从而满足价值主体的某种需要。例如，及时办理新生中家庭经济困难学生的助学贷款，以使他们能够跨进大学、安心学习；及时处理学生中的突发事件，以保障学生安全和校园稳定等。大学生管理价值的积累性是指大学生管理往往要经过一个相当长的过程，通过长期的工作积累才能达到目标，从而满足价值主体的需要。例如，建立良好的教育教学秩序，以满足高等学校人才培养工作的需要；培养学生良好的思想品德和行为习惯，以满足社会发展与学生自身发展的需要等。这些不是一朝一夕所能实现的，而是需要长期的工作积累。

3. **受制性与扩展性**

大学生管理价值的受制性是指大学生管理价值的实现要受到其他种种因素的影响。这是因为，大学生管理的价值就是对大学生成长成才的作用和意义。而大学生的成长成才则还要受到高等学校内部其他因素和外部环境因素的影响。因此，大学生管理在大学生成长成才中作用的发挥，也就必然要受到其他种种因素的制约。当其他因素对大学生的影响与大学生管理的作用方向相一致，大学生管理就容易收到实效，大学生管理的价值也就易于实现；反之，如果其他因素对大学生的影响与大学生管理的作用方向不一致，大学生管理就难以收到实效，大学生管理的价值也就难以实现。大学生管理价值的扩展性是指大学生管理可以通过大学生的活动和影响对高等学校内部其他工作和外部环境因素发挥作用，从而使自身价值得到扩展。例如，大学生管理通过对学生科技创新和创业活动的鼓励和支持，激发学生科技创新和创业的积极性，这就必然会推动学校的教学创新，以提高学生的科技创新能力和创业能力。再如，大学生管理通过对学生日常行为的引导，使学生养成了遵守社会公共道德规范、自觉维护公共秩序和环境卫生的行为习惯，这就必然会对学校周边环境产生积极的影响。

4. **系统性与开放性**

大学生管理价值的系统性是指大学生管理的价值是一个由多维度、多类型的内容构成的有机整体。按价值的主体不同，大学生管理价值可分为社会价值、高校集体价值和个体价值。其中，社会价值是大学生管理对社会运行和发展的作用和意义，高校集体价值是大学生管理对高等学校运行和发展的作用和意义，个人价值则是大学生管理对大学生个体成长和发展的作用和意义。按价值存在的形态不同，大学生管理价值可分为理想价值和现实价值。其中，理想价值是大学生管理价值的应有状态，即大学生管理所追求的最终价值；现实价值是大学生管理的实有状态，即在现实条件下已经实现或正在实现的价值。按价值的性质不同，大学生管理价值可分为正向价值和负向价值；按价值的大小，可分为高价值和低价值等。大学生管理价值就是由上述各种价值组成的系统。大学生管理价值的开放性是指大学生管理的价值会随着价值主体需要和大学生管理功能的变化发展而变化发展。随着社会的发展，大学生管理服务对象的需要在变化中发展，这就必然会促使大学生管理的功能发生相应变化和发展，从而增强和拓展大学生管理的价值。例如，随着计算机网络的发展及其对大学生的影响，要求大学生管理必须加强对大学生网络活动的管理和服务，从而使大学生管理的价值拓展到网络空间之中。

二、高校学生管理的价值体现

高校学生管理的价值是大学生管理工作对国家、社会、高校自身、个人等范畴所具有的作用、满足或意义。其实，它对国家、高校自身的价值统一于社会价值之中，对个人的价值又与其社会价值密切相连。大学生管理的价值主要体现在以下几个方面。

（一）社会价值

大学生管理的社会价值是指大学生管理对社会运行与发展的作用和意义，即大学生管理的属性对社会运行与发展需要的满足。大学生管理的社会价值集中表现在它是培养中国特色社会主义合格人才的重要手段，构建社会主义和谐社会的内在要求。其社会价值主要体现在以下几个方面。

1. 培养合格人才的重要手段

中国特色社会主义事业的发展需要数以亿计的高素质的劳动者、数以千万计的专门人才和一大批拔尖创新人才。高等学校是人才培养的重要基地，其中心任务就是要为中国特色社会主义建设培养合格的专门人才。而大学生管理则是高等学校人才培养工作的重要手段，在培养合格人才中发挥着不可或缺的重要作用。

1）维护正常的教育教学秩序

高等学校的教育教学活动总是按照一定的制度和规章有目的、有计划、有组织地进行的，建立和维护正常的教育教学秩序是高等学校教育教学工作的内在要求和基本条件。这就需要有严格、科学的管理，包括大学生管理。大学生管理在维持高等学校教育教学秩序中具有特殊的重要作用。在大学生管理中，实行严格的学籍管理，按照一定的制度和规定，有序地做好有关学生入学与注册、课程和各种教育环节的考核与成绩记载、转专业与转学、休学与复学、退学、毕业与结业等各项工作，是建立正常的教育教学秩序的基础。实施系统的学习管理，引导学生明确学习目的，提高学习的主动性和自觉性，规范学生的学习行为，督促学生自觉遵守学习纪律和考试纪律，形成良好的学风，是建立正常的教育教学秩序的关键。加强对学生班级、学生社团等学生群体的管理，引导学生紧紧围绕学校的教育教学目标，有序地开展班级活动、社团活动和其他课余活动，是建立正常的教育教学秩序的重要条件。

总之，大学生管理是建立和维护正常的教育教学秩序的重要保证。没有有效的大学生管理，就不可能有正常的教育教学秩序。

2）激励、指导和保障学生的学习行为

高等学校教育教学的过程是教师与学生双向互动、“教”与“学”辩证统一的过程。其中，“教”是主导，“学”是关键。学习是大学生的主要任务，是大学生能否成为合格人才的关键。而大学生管理则对大学生的学习行为起着重要的激励、指导和保障作用。大学生管理对学生学习行为的激励作用主要表现在：引导学生充分认识大学学习的社会意义和个体价值，明确学习目的，以激发学生的学习动机；运用颁发奖学金和授予荣誉称号等方式，表彰学业优秀的学生，以鼓励学生勤奋学习；把竞争机制引入学生的学习活动之中，围绕学生的专业学习，组织各种竞赛活动，以激发学生的学习热情。大学生管理对学生学习行为的指导作用主要表现在：指导新生了解大学阶段学习的特点和要求，促进他们尽快实现学习方式从被动性学习到自主性学习的转变；指导学生根据社会需求和自身实际制订职业生涯规划，确定自己的职业生涯发展方向，从而明确学习的目标；指导学生掌握科学的学习方法，养成良好的学习习惯，不断提高自主学习的能力和学习效率；指导学生积极开展社会实践活动；注重在实践中加深对专业理论知识的理解，在实践中提高自己的专业技能。大学生管理对学生学习行为的保障作用主要表现在：加强资助管理，切实做好助学贷款和助学金的发放工作，组织和指导学生的勤工助学活动，为家庭经济困难学生安心学习、顺利完成学业提供必要的经济条件；开展学生学习心理的辅导，帮助学生克服学业焦虑等各种消极心理，以积极健康的心态对待学习等。

3）培养学生的思想品德

中国特色社会主义建设所需要的合格人才不仅要具备良好的专业知识和能力素养，还要具备良好的思想品德。所谓思想品德，是指人在一定的思想体系的指导下，按照社会的言行规范行动，表现在个人身上相对稳定的特征。它是以心理因素为基础的思想与行为的统一体。培养大学生良好的思想品德，不仅需要深入细致的思想政治教育，还需要有效的管理。这是因为人们良好思想品德和行为习惯的形成，有一个由他律到自律的过程。大学生各方面还未成熟，发展尚未稳定，加之各个学生的思想基础不同，接受教育的主动性、积极性和自觉性各不相同，因此，大学生自我管理、自我约束的能力有欠缺并存在差异。要帮助大学生提高自理、自律的水平，使他们能够自觉地遵循社会的思想规范、政治规范、道德规范和法律规范，并形成良好的行为习惯，就必须在加强思想政治教育的同时，加强对大学生各方面的管理，注重大学生日常行为规范的训练。通过大学生管理，科学制订并严格执行各项规章制度，强化行为管理和纪律约束，使大学生的学习、交往等各方面的行为都能够按照一定的规范有序地进行，这不仅有助于培养大学生良好的行为习惯，也可以为思想政治教育创造良好的环境条件，从而增强思想政治教育的效果。

2. 构建和谐社会的内在要求

党的十六大以来，我们党对社会和谐的认识不断深化，明确提出了构建社会主义和谐社会的任务。社会和谐是中国特色社会主义的重要特征，构建社会主义和谐社会是发展中国特色社会主义的基本要求和重要保证。大学生管理作为对大学生这一特殊社会群体提供引导和服务的社会活动，在构建社会主义和谐社会中发挥着特有的重要作用，具有特殊的重要价值。

1）大学生管理是维护社会稳定、实现社会安定有序的重要保证

我们所要建设的社会主义和谐社会应该是民主法治、公平正义、诚实友爱、充满活力、安定有序、人与自然和谐共处的社会。安定有序是社会主义和谐社会的内在要求和重要特征，也是实现社会和谐的基本条件。社会稳定则是安定有序的基本内容和重要表现，也是改革、发展的前提。高校稳定是社会稳定的重要条件，高校稳定的关键则又在大学生。大学生的思想尚未成熟，存在着显著的矛盾性。他们关心国家发展，关注时事政治，追求民主自由，并具有较强的政治参与意识，但尚缺乏政治经验和社会生活经验，政治辨别能力不强，因此容易受到社会上错误思潮和不良倾向的影响。同时，大学生正处于青年期，情感具有强烈性。这既使大学生热情奔放，勇往直前，也使大学生易于冲动，甚至失去理智。成千上万的大学生集中在高等学校的校园内，如果缺乏正确的引导和有效的管理，一些不良的倾向和问题，很容易在大学生中扩散开来，并造成不良的社会影响。因此，切实加强大学生管理，正确引导大学生的社会活动和政治行为，妥善解决大学生在学习、生活、交往和就业中碰到的各种矛盾和问题，及时处理各种突发事件，以保持高等学校的稳定，对于维护社会稳定、实现社会安定有序具有特殊的重要意义。

2）大学生管理是构建和谐校园的重要手段

高等学校是现代社会中不可或缺的重要社会组织，担负着培养人才、推进

科技进步、传播先进文化的重要任务。构建和谐校园，是构建社会主义和谐社会的应有之义，也是推进高等学校科学发展的内在要求。加强大学生管理，引导和组织大学生积极发挥在和谐校园建设中的主体作用，是构建和谐校园的重要保障。加强大学生管理，建立和完善学生参与民主管理的组织形式，引导、支持和组织学生依法参与学校的民主管理和实行自主管理，切实维护和保障学生在校期间享有的权利，引导和督促学生全面履行法律规定的义务，自觉遵守国家法律和学校管理制度，有力推进高等学校的民主法治建设。加强大学生管理，妥善地协调学生与学校、学生与教师之间的关系，维护学生的正当利益，实事求是地评价学生的思想品德和学业成绩，公正地实施奖励和处分，正确地处理学生中的各种矛盾和问题，使公平正义在校园中得到弘扬。加强大学生管理，督促学生在学习考试、科学研究、人际交往和日常生活中坚持诚实守信，做到不作弊、不剽窃，引导学生尊敬师长、友爱同学、团结互助，在校园中形成诚信友爱的良好风气。通过大学生管理，充分调动学生的积极性和创造性，围绕专业学习，开展丰富多彩的社团活动和社会实践活动，鼓励、组织和支持学生开展科学研究、进行创造发明、尝试创业活动，使校园真正充满活力。通过大学生管理，建立和维护学校正常的教育教学秩序和生活秩序，加强学生的安全教育和管理，保障学生的身心健康，有效地预防和妥善地处理学生中的突发事件，努力建设平安校园，使校园实现安定有序。通过大学生管理，引导和督促学生自觉维护校园环境，节约使用水、电等各种资源，使校园成为人与自然和谐共处的生态校园。

3）大学生管理是促进大学生集体和谐发展的重要手段

包括大学生党团组织、班级、学生会、社团等在内的大学生集体是大学生政治、学习和日常生活的基本组织形式，直接影响着大学生的思想和行为，是大学生思想政治教育和管理的重要载体。大学生集体的和谐发展，不仅直接关系着大学生个体的健康成长和全面发展，也直接关系着高等学校的和谐稳定和科学发展。大学生管理包含着对大学生集体的管理，因此在促进大学生集体和谐发展中具有十分重要的作用。通过大学生管理，引导大学生集体自觉遵循学校的有关制度和规定，紧紧围绕学校的人才培养目标和学生成长成才的需要，积极开展丰富多彩的集体活动，充分发挥自身在大学生自我教育、自我管理中的作用，可以促进大学生与学校发展的和谐与统一。通过大学生管理，切实加强大学生集体的思想建设、组织建设、制度建设和作风建设，引导大学生增强集体意识，主动关心集体发展，积极参与集体活动，弘扬团结互助精神，不断增进同学友谊，注重相互沟通与交流，及时化解各类矛盾，可以促进各个大学生集体自身的和谐发展。通过大学生管理，引导大学生党团组织、班级、学生会、社团等各类大学生集体正确处理相互之间的关系，加强相互之间的沟通和协调，做到相互配合、相互支持，形成大学生自我教育、自我管理的合力，可以促进各类大学生集体的和谐与共同发展。

（二）个体价值

大学生管理的个体价值是指大学生管理对大学生个体成长与发展的作用和意义，即大学生管理的属性和功能对大学生个体成长与发展需要的满足。大学生管理的个体价值主要表现在以下几个方面。

1. 引导方向

大学生管理具有突出的导向功能，对大学生的成长和发展起着重要的导向作用。大学生管理的导向作用，主要表现在引导政治方向、引导价值取向、引导业务发展方向三个方面。

1）引导政治方向

政治方向是政治立场、政治观念、政治态度、政治品质和政治信念的综合体，是人的素质中的首要因素，决定着人们思想和行为的基本倾向。我们党历来强调在人才培养中必须把坚定正确的政治方向放在第一位。当今世界，随着经济全球化和信息技术的迅速发展，国际政治斗争趋于复杂，西方意识形态的渗透日益加剧。引导大学生确立正确坚定的政治方向即坚持中国特色社会主义的方向，是高等学校一项极为重要而又十分紧迫的任务。要实现这一任务，既要加强大学生思想政治教育，又要加强大学生管理。大学生管理的社会属性决定了大学生管理必然具有鲜明的政治方向性，对学生的政治方向发挥引导作用。事实上，我国《普通高等学校学生管理规定》和《高等学校学生行为准则》都明确要求大学生应当树立在中国共产党领导下走中国特色社会主义道路、实现中华民族伟大复兴的共同理想和坚定信念。加强大学生管理，严格执行高等学校学生管理规定，引导和督促大学生自觉遵守高等学校学生行为准则，加强对大学生的行为尤其是政治行为的管理和指导，引导学生正确行使依法享有的政治权利，防止和抵制各种腐朽意识形态对大学生的影响，及时纠正校园中出现的错误倾向，维护和保障校园的政治稳定和政治安全，对于引导大学生坚持坚定正确的政治方向无疑具有重要作用。

2）引导价值取向

价值取向是指人们基于自己的价值观在面对或处理各种矛盾、冲突、关系时所持的基本价值立场、价值态度以及所表现出来的基本价值倾向。价值取向决定和支配着人的价值选择，制约着人们思想和行为。现阶段我国市场经济的发展，在促进社会生产发展和人们思想观念更新的同时，其盲目性和滞后性，也容易诱发人们产生利己主义、拜金主义和享乐主义的价值观念。随着经济全球化的发展和我国国际交往的扩大，西方的各种价值观念也渗透进来。因此，引导大学生树立社会主义核心价值体系，坚持正确的价值取向，显得尤为重要。如前所说，鲜明的价值导向是大学生管理的一个显著特点。大学生管理通过坚持和贯彻体现社会主义核心价值体系的管理理念，制定和执行以培养社会主义建设合格人才为根本宗旨的管理目标体系和管理规章制度，对大学生的价值取向发挥着重要的引导作用。

3）引导业务发展方向

引导大学生确定既符合社会需要，又符合自身实际的奋斗目标，明确业务发展的方向，可以引导他们把自己的主要精力和时间投入实现既定目标的业务学习和实践活动之中，从而促进他们早日成才。大学生管理在引导大学生业务发展方向方面的作用集中表现在：通过对学生学习活动的指导，引导学生根据相关专业的要求和自己的兴趣爱好，确定专业学习的目标，从而明确在专业学习方面努力的方向；通过对大学生职业生涯规划的指导，引导学生根据社会需求、职业发展的趋势和自身的主观条件与愿望，确定自己的职业理想，从而明确自己职业生涯发展的方向。

2. **激发动力**

高等学校的系统教育为大学生的成长和发展提供了良好的条件，而大学生能否健康成长和全面发展，关键在于大学生自身的主观努力即主观能动性的发挥。因此，要促进大学生的成长和发展就必须注重激发大学生的内在动力，充分调动他们的主动性和积极性，大学生管理具有显著的激励功能，在激发大学生内在动力方面具有突出的作用。大学生管理对大学生的激励作用，主要通过以下三种途径得以实现。

1）需要激励

需要是人的行为动力的源泉，是行为动机产生和形成的基础。人的积极性的发挥及其发挥的程度，归根到底取决于其需要能否得到满足以及满足的程度。大学生管理坚持以人为本的管理理念和服务学生的管理原则，关心学生的实际需要，维护学生的正当利益，扎扎实实地为大学生的成长和发展提供多方面的指导和全方位的服务，因此，也就必然会对大学生发挥重要的激励作用。

2）目标激励

人的行为总是指向一定目标的，目标是人们期望达到的成果和成就，能够激发人的内在积极性，鼓励人们奋发努力。人们对目标的达成满足自身需要的价值看得越大，估计目标能够实现的可能性越大，目标的激发力量也就越大。大学生管理遵循社会发展要求与大学生自身发展需要相统一的原则，科学地制定管理的目标，着力引导大学生根据社会需要和自己的兴趣爱好、主观条件合理地确定自己的学习目标和发展目标，从而对大学生发挥着重要的激励作用。

3）奖惩激励

奖励和惩罚是大学生管理的重要方法，其目的就是要通过运用正、负强化手段，控制大学生行为结果的反馈调节作用，以维持和增强大学生努力学习和践行大学生行为准则的主动性和积极性。奖励是通过奖赏、赞扬、信任等褒奖形式来满足大学生的需要，使其感到满足和喜悦，从而更加奋发努力的正强化手段；惩罚是通过造成被惩罚者某种需要的不满足而使其感到痛苦和警醒，从而变消极行为为积极行为的负强化手段。大学生管理通过恰当地运用奖励和惩罚，鼓励先进、鞭策后进，从而激励全体大学生奋发努力。

3. **规范行为**

大学生管理的一项重要任务就是要科学制定和严格执行各项管理规章制度和纪律，以规范大学生的行为，促进其形成文明的行为方式和良好的行为习惯。大学生管理在规范大学生行为方面的作用，主要通过以下三种途径实现。

1）加强制度建设

制度建设是大学生管理的重要内容。大学生管理中的制度建设，就是要依据社会发展要求、人才培养目标和大学生健康成长与发展的需要，科学制订和不断完善各项规章制度，使大学生明确应该做什么、不应该做什么，应该怎么做、不应该怎么做，并引导和督促大学生规范自己的行为，逐步形成文明的行为方式。2005 年教育部新修订的《普通高等学校学生管理规定》和《高等学校学生行为准则》，就是现阶段大学生管理的基本规章制度，为规范大学生行为提供了基本的规定和准则。

2）严格纪律约束

纪律是一定的社会组织为实现组织目标而要求其全体成员必须共同遵守并赋有组织强制力的行为规范。它是建立正常秩序、维系组织成员共同生活的重要手段，是完成各项任务、实现组织目标的重要保证，因此成为大学生管理中不可或缺的重要手段。在大学生管理中，通过严格执行学习、考试、科研、集体活动、校园生活、安全保卫等各方面的纪律，以约束和调整学生的行为，并对违纪行为及时做出恰当的处罚，可以有效地引导和规范学生的行为，促进其良好行为习惯的养成。

3）引导自我管理

自我管理是大学生管理的重要路径。自我管理的其中一项重要内容就是要启发学生的自觉性和主动性，引导学生自觉遵守管理制度，主动践行大学生行为规范准则，实行自我约束和自我监督。这种自我约束和自我监督，既表现在大学生个体的自我管理中，也体现在大学生群体的自我管理中。在大学生班级、寝室、社团等群体的管理中，充分发挥学生的主体作用，引导学生在民主讨论的基础上，形成全体成员共同遵守的规章制度，并相互监督执行，不仅有助于营造良好的群体氛围、实现群体的目标，而且有助于提高全体成员规范和约束自己行为的自觉性。

4. 完善人格

人格是一个人所具有的稳定而统一的心理特征的总和。通俗地讲，人格就是指一个人的品格、思想境界、情感格调、行为风格、道德品质、精神面貌等。人格既是个人发展状况的集中表现，也是个人发展的内在主观条件。人的全面发展内在地包含着人格的健全和完善。大学生管理以促进大学生的全面发展为根本目的，因此必然要注重培育大学生健全的人格，以促进他们形成崇高丰富的精神境界、树立高尚优秀的道德品质、培养积极健康的心理品格。大学生管理在完善大学生人格方面的作用，主要表现在以下两方面。

1）优化环境影响

环境是影响大学生人格形成和发展的重要因素，对大学生的人格具有陶冶和感染的重要作用。所谓“近朱者赤，近墨者黑”，说的就是这个道理。大学生管理在营造和优化良好的校园环境方面具有重要作用。大学生管理通过制订和执行合理的规章制度，建立和维护正常的校园秩序；通过有效的学习管理和班级管理，促进良好学风和班风的形成；通过对大学生交往活动的管理和引导，优化校园的人际环境；通过对大学生网络活动的管理和指导，净化校园的网络环境；通过对学生社团和学生课余活动的管理和指导，形成积极向上、丰富多彩的校园文化生活环境；通过对学生生活园区的管理和学生日常行为的指导，为学生营造安定有序、文明健康的日常生活环境等。

2）指导行为实践

实践是大学生人格形成和发展的基本途径。大学生所接受的各种教育影响，只有在实践中通过他们亲身的体验，才能真正为他们所理解、消化和吸收。大学生行为习惯的养成、实践能力的提高等，更是自身长期实践活动的结果。因此，大学生管理通过对大学生行为和实践活动的管理和指导，也就必然会对大学生人格的完善发挥重要的作用。

5. **开发潜能**

人的潜能是指人所具有的有待开发、发掘的处于潜伏状态的能力。它包括人的生理潜能、智力潜能和心理潜能。人的潜能是人的现实活动力量的潜伏状态和内在源泉。美国著名心理学家威廉·詹姆斯认为，一个正常人还有90%的潜能尚未利用。由此可见，人的潜能的开发具有十分广阔的前景。大学生正处于成长和发展的关键时期，着力开发他们身上所蕴藏的丰富潜能，将他们内在的潜能转化为从事社会建设的实际能力和现实力量，是大学生培养工作的重要任务。大学生管理作为大学生培养工作的重要组成部分，在开发大学生内在潜能方面发挥着不可或缺的作用。大学生管理在开发大学生潜能方面的作用，主要通过以下三种途径实现。

1）指导学习训练

学习和训练是开发潜能的基础。只有通过系统的学习和训练，掌握必要的知识和方法，才能使潜能得到正确有效的发挥。大学生管理通过对大学生的学习活动的管理和指导，引导大学生确立正确的学习目的，掌握科学的学习方法，不仅可以充分发掘大学生在学习方面的潜能，提高他们的学习能力，而且可以促进大学生系统地掌握专业理论知识和方法，从而使他们在专业方面的潜能得到开发和发展。

2）运用激励机制

激励是开发潜力的重要手段。通过激励，可以充分调动人的主观能动性，打破安于现状的消极心态、振奋人的精神、转变人的态度、激发人的兴趣、调整人的行为模式，从而达到开发潜能的目的。而激励则是大学生管理的重要手段。大学生管理运用激励机制，通过引导学生明确努力方向和成才目标，奖励成绩优异、表现突出的学生，以此调动大学生的主动性和积极性，激发他们奋发向上的进取精神，从而促进他们不断地开发自身内在的潜能。

3）组织实践活动

实践是潜能转化为显能的中介和桥梁。人的潜能，只有在实践中才能逐步显现出来，得到实际发挥，从而转化为显能。大学生管理通过支持和指导学生的社团活动和社会实践活动，鼓励和引导学生的科技服务和科技创新活动等，可以为大学生提供丰富多样的参与实践活动的机会，使他们的潜能在实践中得到开发和发展。

第五节　高校学生管理的产生与发展

西方高校学生事务管理随着大学教育的发端而产生，经历了800余年漫长的发展历程。我国高校学生管理的发展演进统一于近现代高校学生事务管理的发展史中，在这个过程中充分借鉴了国外特别是西方高校的经验。因此，要追溯高校学生管理的产生与发展，有必要溯清西方高校学生事务管理的演进历程，再考察我国大学生管理的演进历程。

一、西方高校学生事务管理的演进历程

西方高校学生事务的产生可追溯至13世纪的英国，经历了漫长的过程。它在不同的历史时期，由于特定的社会环境和高校的特殊历史发展特征，呈现出不同的特点，其内涵与外延在管理理念与内容等方面的不断变化与扩充过程中得到拓展。根据在不同时代所表现出的历史特征，大致可分为以下五个阶段。

（一）学生事务的萌芽时期（13世纪末至19世纪初）

高校学生事务萌生于西方中世纪大学。中世纪大学是在师生组成的社团组织“行会”基础上形成的。教师和学生组成“社团”，既是为了提供教与学的课程计划，又是为了保护师生，使其免受教会、国家以及城镇居民的影响。大学内没有学术与非学术事务之分。当时大学的普遍情况是，教职员与学生共同生活在被称为“学院”的教育机构中，这一机构包含了教室、食堂、图书室、宿舍，基本容纳了学生学习与生活的全部，教师就在这样的交融过程中实行对学生的教育。显然，与今天的学生一样，当时的学生同样具有衣食住行的需要，因此必然存在着一定形式的管理。从学院师生的学习与生活中，可以发现学生事务管理的一些特征：首先从管理的内容看，主要包括食宿、大学师生同城镇居民的关系、防止学生过度的喧闹和异常行为、对学生的资助、学生的法律权利以及学生在大学管理中的角色。其次从管理的形式看，民主管理是这个

时期的一个显著特征。如巴黎大学被后世称为“先生大学”，而意大利的波隆那大学因其主要由年长的学生负责管理，被称为“学生大学”。这种民主的管理模式尽管在后期由于教会等外部力量的渗入而有所变化，但作为一种传统，为后来的大学特别是欧美大学所珍视，到 20 世纪后期逐渐成为发展中国家大学内部管理改革的目标和原则。但是，由于教师在学术上天然的垄断地位和管理当局及其代理者在财政及政治权力上的优势，大学事务的领导权逐渐为他们所掌控，于是学生便沦为管理对象，学生事务管理也只能在校方主导下进行。作为传授知识的场所，中世纪初期，大学的基本职能是教学，大学的学术事务与学生事务合二为一，学生事务虽未从学术事务中分离出来，但它却有着鲜明的特征，尽管当代大学的结构与功能与过去相比已大为复杂，但欧洲中世纪大学学生事务的主要特征仍延续至今。

（二）“父母”替代制时期（19 世纪至 20 世纪二三十年代以前）

中世纪中后期，基督教教义给学生背上了的枷锁，理性主义“禁欲”思想充斥校园。这些观念使学校扮演了学生“父母”的角色，在这漫长的百年历史中，高校采用“替代父母制”的管理模式，对学生及其校园生活实行严格的寄宿制管理。教师与学生同吃同住、朝夕相伴，对学生实施严格的纪律约束和封闭式的监督，关注全体学生的思想、道德、品格培养以及学识的提高。

在欧美的一些大学，校长和全体教职员承担了学生教育的主要职责。如英国的牛津大学和美国最早的大学哈佛学院都采用这种寄宿制的学生管理模式。学院对学生负有教学和指导的责任，学生居住区设有教室、学生寝室、小教堂及牧师寝室。在学院里，教职员与学生共同生活，便于直接管理学生，有利于促进学生的智慧发展和品德塑造。

（三）学生人事时期（19 世纪末到 20 世纪三四十年代）

这一时期的学生事务管理得到了长足的发展，尤其以美国最为典型。1862 年《莫里尔法案》的出台促成了美国学生事务的发展。《莫里尔法案》颁布生效后，美国的公立高等教育得到迅猛发展，学生规模迅速扩大，学生成分日益复杂，学生需求不断增加，学生群体的身心特征也发生了较大变化，这对高校学生事务提出了新的要求。19 世纪末，学生服务、咨询和管理机构相继建立和产生。大学职能的演变促使高校学生事务逐步独立。18 世纪末 19 世纪初，大学职能发生变化，学生事务开始与学术事务相分离，学生事务逐渐驶入专业化发展的轨道。随着学术事务与非学术事务逐渐分离，学生事务管理逐渐从学校的教学和学术事务中分离出来，逐步成为大学的独立工作。一些大学组建了管理学生事务的行政机构，配备了专职人员，从此在高校内先后产生了注册主管、副校长、教务长、女生部长、男生部长等专职学生事务管理人员。但当时对于学生管理的基本观念没有发生根本性的变化，仍以“替代父母角色”行使对学生的严格管制。

进入 20 世纪之后，民主平等和人道主义观念在西方社会流行，大学也深受影响。于是学生作为在大学中与教师平等的人，其地位迅速获得了提升，学生事务管理的主要职责开始转变成为学生提供各种服务，如住宿、生活适应性、心理健康、就业等。20 世纪初，依据心理学的理论和方法，高校创建了客观、标准的测试方法，并在学生事务中开始使用和推广，使学校为“变化了的学生”提供服务成为可能。1911 年，美国斯坦福大学成立个人训练和指导特别委员会，负责对学生主要是新生进行专业方面的评议咨询指导，如专业选择、教师选择、课程选择和就业选择。此后这种组织被许多高校采纳。1937 年，美国国家教育委员会发表了《学生人事工作宣言》，明确指出：考虑学生作为一个完整的人，教育包括其智力能力和成就、感情组成、身体状况、社会关系、职业态度和技能、道德和宗教价值观念、经济能力、美学欣赏，简而言之，应当强调学生全面发展而不仅是对他进行智力训练。但由于历史局限性，《学生人事工作宣言》所倡导的“学生作为一个完整的人”的全面发展在当时并未引起美国高等学校的足够重视，学生工作的重点仍停留在学生的智力培养方面。

总之，19 世纪末到第二次世界大战前的这段时间，欧美高校学生事务管理主要强调对学生的行为控制和学生福利等方面的事务，如纪律、职业指导、健康、资助和住宿等，其目的是保证学生尽可能有效地学习，避免因不利的外界因素而分散学习精力。

（四）学生服务时期（20 世纪三四十年代至六七十年代）

第二次世界大战后，在美国，大量退伍军人进入高校学习，公立高等院校的学生急剧膨胀，拉开了高等教育大众化发展的序幕。学生咨询服务发展成为这一时期高等教育的一项运动，并为后来“学生消费者第一”观念的诞生奠定了基础。同时，美国的高等教育在服务观念上亦有所转变。1949 年，美国国家教育委员会发布了与 1937 年《学生人事工作宣言》同名的指导文件。该文件对学生的个体需要作了分析，如学生的兴趣、环境适应、学业目标、生活条件、精神寄托、医疗健康、职业目标等，强调民主教育与相互理解，并提出为学生发展提供一系列最佳服务。20 世纪 60 年代后期，美国高校学生人数增长速度放缓导致高校间争夺生源的竞争加剧，各校纷纷改善对学生的服务工作，学校和学生之间的关系发生重大变化，学生事务管理开始以服务学生为使命，向学生提供一系列的服务项目以满足学生多样化的需要。

（五）学生发展时期（20 世纪六七十年代至今）

20 世纪五六十年代，在存在主义哲学观的影响下，特别是各种关于学生发展理论的相继出现，通过服务学生来促进其发展日益成为这一时期学生事务管理的新理念。50 年代末和整个 60 年代，欧美高校学生事务管理确立了“以服务促发展”的主题。学生发展理论认为：高等教育应该促进学生的全面发展，包括学术性和非学术性的发展。它要求学生事务工作人员应善于经营和改造环境条件，并运用人的发展理论来促进学生认知和情感等方面的发展，使学生成熟起来。这种以服务促发展的潮流，除源于高校应培养完整的人，使学生的社会行为和情感同他们的认知技能同步发展的哲学观外，还受到学生渴求更大的自治权以及摒弃包揽一切的“养父养母式”的学生事务观的推动。

学生发展理论为理解高等教育的目的提供了新的视角，为学生事务管理工作提供了理论基础，指明了发展方向。在学生发展理论影响下，学生事务管理在管理层次上，如政策制定、机构设置、人员安排等方面体现出了职业化、规范化与制度化，大大提升了学生事务管理的专业化水平。在学生事务的具体实践中，学生发展理论促进了学生事务管理在原有的服务体系基础上的进一步发展。一方面，学术事务和学生事务的关系得到加强，一些学校建立起包括教师、学生事务人员、学生在内的常设委员会来指导和处理学生事务。另一方面，学生发展理论突出了学生事务管理的教育功能。在做好学生服务的同时，学生事务人员更加注重学生接受课外教育的数量和效果，学生事务人员不仅是管理者，同时也是教育者。

纵观西方高校学生事务的发展历史，高校的学生事务管理从无到有，先后经历了“父母替代制”“学生人事”“学生服务”“学生发展”等多种模式。在管理理念上，从最初的“民主自治”，到深受理性主义影响的“监督控制”，后逐步融入了实用主义、人道主义、存在主义等思想要素，催生出“以人为本、全面服务、促进发展”的现代管理理念。在观念上，从初期的专注于智力发展，到逐步重视个性发展，后来着眼于学生的全面发展，整体协调，培养完人。在管理机制上，从与学术事务的“交融—分离—融合”的过程，体现了高校学生事务管理适应时代发展的需要，与时俱进的历史特征，打造了与学术事务管理相辅相成，共同支持和服务于培养人才的使命的时代特征。

二、我国高校学生管理的演进历程

我国高校学生管理工作的发展历程与新中国史和高等教育史同步，国内学者对其发展阶段的划分所依据的分类标准不同，主要有三阶段说①、四阶段说②、六阶段说。然而，本书认为我国高校学生管理工作在“文化大革命”前后的工作职能和定位有很大不同，而且在“文化大革命”后到如今的发展在不同时期又体现出不同特点。因此，将其发展历程概括为“四阶段”“六时期”比较合理。

（一）初创阶段：学生工作政治辅导期（1949—1965 年）

1949—1956 年期间，新中国的各项事业都在进行社会主义改造和制度重建，原有高校通过接管、恢复和调整，基本完成了社会主义改造，成为社会主义大学。同时，国家教育部门也开始着手创建社会主义高等教育体系，初步建立起了高校学生工作体系。然而，该时期的学生工作完全从属于学校政治工作，以政治教育为主，还未出现管理的理念和提法，与现在的学生管理工作有很大不同。

在 1949 年 12 月的第一次全国教育工作会议中，教育部明确指出教育工作要为政治服务。1952 年 10 月，教育部在《关于在高等学校有重点地试行政治工作制度的指示》中指出：全国高等学校有重点地试行政治工作制度，设立政治辅导处，应有准备地建立政治辅导员制度，负责学生的政治学习、思想改造工作。这标志着高校政治辅导员制度成为大学生工作的重要内容。从 1949 年至 1955 年，根据政治形势的需要，在党和政府的引导下，全国高校先后配备了一定数量的政治辅导员。受 1957 年反右派斗争的影响，许多高校针对当时的国内政治形势在学校里设立了政治辅导处，政治辅导员人数开始增加。中共中央在 1961 年批准试行的《教育部直属高等学校暂行工作条例（草案）》的第

① 三阶段说，即新中国成立后至 1966 年的初建阶段，10 年“文化大革命”的破坏和纯政治化阶段，改革开放后的恢复、发展和制度建设阶段。

② 四阶段说，即新中国成立至“文化大革命”开始的 17 年，“文化大革命”时期，改革开放至党的十四大召开，党的十四大召开至今。

五十条中规定要逐步培养和配备一批专职的政治辅导员。[①] 这是在正式文件中首次提出在高校培养和配备专职辅导员。1964 年，原高教部党组在《关于加强高等学校政治工作和建立政治机构试点问题的报告》中，建议为高校每个班级配备一名专职政治辅导员。[②] 在教育部 1965 年制定的《关于政治辅导员工作条例》中明确规定了政治辅导员的地位、作用和主要任务。[③]

该时期，学生工作作为学校政治工作的一部分，强调对大学生的马列主义思想政治教育。高校将对大学生开展革命的政治思想教育列入高校培养目标，组织大学生参加政治运动、生产劳动和社会实践，提高大学生的社会主义觉悟和共产主义的道德品质。在机构设置和人员分工方面，强调政治领导，各高校先后建立了党委，建立学生会等学生组织，组织开展学生课外活动。这一时期的学生工作由高校的党团组织和政治辅导员主持和实施，并一直延续至今。

（二）破坏阶段：学生工作全面停滞期（1966—1976 年）

1966 年开始的“文化大革命”严重破坏了刚刚起步的社会主义事业，全国高等院校是这场灾难的“重灾区”。这场浩劫彻底改变了高校的培养目标，思想政治工作表现为“斗、批、改”。新中国成立后积累了 17 年的高校学生教育和管理的做法和规章制度被迫放弃，已经建立并逐步走向正轨的学生工作体系毁于一旦。

“文化大革命”期间，学校全面停课，高校教师、政治辅导员无法行使管理学生的职责，军队参与学校各项工作，学生工作全面停滞。这一时期，学生工作遭受重挫，政治辅导员制度等规章制度全被废止。1971 年的全国教育工作会议更是全面否定了新中国成立后 17 年的教育工作，从而使得新中国成立初期建立的学生工作体系完全停滞。

（三）重建阶段：学生管理萌芽期（1976—1990 年）

“文化大革命”结束后，我国高校学生工作体系开启恢复重建工作。教育部根据新时期高等教育人才培养的要求，在恢复新中国成立后“17 年体系”的基础上开始对学生工作实行改革。在党的十一届三中全会后，国家对学生工作中的“政治统帅”模式进一步反思，提出学生政治思想工作只是高校学校教

① 参见中共中央《教育部直属高等学校暂行工作条例（草案）》（1961 年 9 月颁布）。

② 参见原高教部《关于加强高等学校政治工作和建立政治机构试点问题的报告》（1964 年提交中共中央的建议）。

③ 参见教育部《关于政治辅导员工作条例》（1965 年颁布）。

育的一个部分，将“学生政治思想工作”改为“学生思想政治工作”。这一改变虽是个别词序的调整，但却反映出当时学生工作指导思想发生了深刻变化。

1978 年，随着高考制度的恢复，大学招生人数增加、学生生源多元化对大学生管理工作提出了挑战。同年，教育部出台《全国普通高等学校暂行工作条例》恢复了政治辅导员制度。[①] 1990 年，原国家教委出台《普通高等学校学生管理规定》，首次提到了“学生管理”的概念，涵盖了学籍管理、课外活动、校园秩序、奖励与处分等四大方面。

同时，学生工作在该时期进行了多项拓展和改变。一方面，学生工作的定位得到纠正。改变了过去将学生工作视为政治工作在高校延伸的认识和做法，将其作为高校教育工作的组成部分，开创了我国高校大学生管理工作的新格局。另一方面，学生工作内容不断拓展。将思想政治教育的主要内容纳入教学计划，学生工作内容逐步拓展为承担学生思想教育、学生管理和校园文化建设等任务。

值得注意的是，该时期高校逐渐将学生管理工作从学生思想政治教育工作中渐渐地分离出来，开始大量使用“学生管理”概念，两者开始在高校中初步取得相对独立的地位，现代意义上的“高校学生管理”开始在我国高等教育中逐渐萌芽。

（四）发展阶段：学生管理形成期（1990—2000 年）

20 世纪 90 年代初，随着改革开放和高等教育大众化的进程加快，我国高等教育开启了新一轮大发展和大变革，高校学生管理工作也随之发生深刻变化。1993 年，中共中央和国务院发布的《中国教育改革和发展纲要》提出了“逐步实行收费制”的高校招生改革和“自主择业”的毕业分配制度等改革措施。[②] 学费制度改革使经济困难学生数量增多，而高校大规模扩张使毕业生就业形势严峻。这些导致学生工作日益复杂化，业务领域和工作职能也相应扩张和发展。

该时期，我国高校大学生管理工作发生的变化有：①在机构设置上，全国高校普遍设置学生工作处（部）。高校将校内其他部门分管的招生注册、学籍管理、宿舍管理、毕业分配等具体学生事务划归学生工作处统一管理，其工作职责包括思想政治教育、日常管理、奖惩处分等，奠定了现在工作的基本框

① 参见教育部《全国普通高等学校暂行工作条例》（1978 年 4 月颁布）。

② 黄燕．文化视野下的中美高校学生事务管理比较研究［D］．上海：华东师范大学，2013.

架。②在工作范围上，大学管理工作逐渐吸纳了心理咨询、就业指导、学生资助、学生社团管理等事务。③在管理队伍上，开始重视工作队伍的能力建设。对辅导员等学生工作者展开各类技能培训，采取专职与兼职相结合、使用与培养相结合、实践锻炼与正规培训相结合、稳定与更新相结合的方式组建、培养、使用和锻炼。

可见，大学管理工作在该时期得到了充分的重视，取得了独立地位，工作体系初步形成。

（五）发展阶段：学生管理成熟期（2000—2007 年）

进入 21 世纪，我国高校迎来新的发展阶段，经济全球化、网络信息化、高等教育大众化、大学生就业市场化、后勤管理社会化等对高校人才培养和管理产生了全面影响，其人才培养和管理的模式也相继产生了深刻变化。

在该时期，因经济负担、学业压力和就业压力而产生心理压力和心理障碍的大学生数量激增。因此，心理咨询辅导服务和就业指导服务成为高校大学生管理的重要内容，工作职能进一步拓展。同时，经过 20 余年的理论研究和实践发展，在吸收借鉴西方高校学生事务的管理经验后，我国大学生管理工作体系逐渐成熟定型。主要表现在以下几个方面。

第一，大学生管理的理论基石初步奠定。我国高校始终坚持马克思主义理论的指导和社会主义办学方向，大学生管理工作同样坚持马克思主义理论的指导，以其“关于人的全面发展理论”为基石。在此基础之上，我国大学生管理工作遵循教育、管理和人的成长规律，广泛吸收了思想政治教育学、高等教育学、高等教育管理学、教育心理学等理论成果以及英美等西方国家高校关于学生发展的理论，进一步充实了大学生管理的理论基础。

第二，大学生管理的工作理念回归正轨。大学生管理或学生事务管理原本在诞生之初就兼有管理和服务职能，在现代高校的学生事务管理中无不包含教育、管理、服务的职能。然而，受到特殊时期的政治、经济和文化的影响，我国高校学生工作侧重于学生管理和政治思想改造，忽视了学生成长规律和基本诉求。在 21 世纪初，由于社会环境和学生群体改变、国际交流增多，我国高校逐步摒弃了以往的学生工作理念，开始出现为学生成长服务的意识和理念，注重研究学生群体特征和发展趋势，重视保护学生权益、关心学生心理健康。这一现象的背后反映了高校学生工作理念的转变，大学生管理的工作理念回归到学生事务管理发展规律的正轨之上。

第三，大学生管理的工作内容初步定型。全国高校在坚持思想政治教育和日常事务管理的基础上，逐步加大了对学生就业创业指导、心理辅导咨询、法律援助等事务的工作力度，初步形成了教育、管理和服务的工作内容格局。

第四，大学生管理的组织体系初步健全。全国各高校开始在全校、各院校逐级成立专门的学生工作组织，来协调各级学生事务管理。同时，为便利服务学生，各高校设立了学生心理咨询与辅导中心、就业指导与职业规划教育中心、勤工助学服务中心、学生活动管理中心、宿舍服务中心等组织机构。这些组织机构共同构成了高校学生管理的组织网络，进一步扩展、分化和细化了大学生管理职能。这也反映出，我国高校学生管理工作开始进行分工负责、各司其职，专业化发展路线开始萌芽。

第五，大学生管理的工作队伍初步搭建。各高校开始重视大学生管理专职人才的选聘和培养，多从教育学、心理学、管理学等专业选拔人才，人才队伍学历覆盖学生、硕士、博士三个层次，极大地改善了大学生管理队伍的学历结构和专业结构。从国家到地方高校，开始搭建学生工作者培养培训机制，各类培训、交流和研讨活动不断增加。

（六）发展阶段：专业化管理全面建设期（2007 年至今）

在大学生管理成熟期，为应对日益增长的学生数量和日益复杂的学生工作，教育部门和各高校已开始思考和探索专业化管理发展路线，只是由于当时大学生管理工作的各项建设任务多而造成专业化建设工作占比不高、地位不突出。2007 年，教育部颁布《关于进一步深化本科教学改革全面提高教学质量的若干意见》，号召“全面提高高等教育质量，努力办好人民满意的高等教育”。① 在新时期，提高高等教育质量成为我国高等教育领域的重要工作；而作为高等教育的有机组成部分，提高大学生管理工作的质量也成为高等教育改革和强化目标之一。在充分借鉴了英美等高校学生事务管理工作经验后，我国高校从管理意识、组织结构、人员配备、队伍建设和工作机制等方面朝着专业化发展方向变革和发展，开启了专业化建设的全面发展期。

在此期间，我国大学生管理专业化建设取得了显著成绩：①确立了“以人为本”“规范法治”“柔性管理”等理念和较为完善的理论体系；②管理机构日趋完善合理，针对学生工作的不同领域分设了诸多专门机构，以进一步延伸了管理和服务内容；③人才队伍建设日趋专业化，推进人才培养的学科建设，在

① 储祖旺，蒋洪池，彭湃. 改革开放以来我国高校学生事务管理发展历程分析［J］. 中国高教研究，2013（03）：75—79.

高等教育学、思想政治教育学专业下开设学生事务管理研究方向，从业人员专业化水平和整体素质明显提升。

综上所述，我国大学生管理工作经历了三个阶段和六个时期，从早期单纯强调政治辅导教育到重视学生日常事务管理，从学生教育和管理再到为学生成长服务，我国大学生管理工作历经 70 余年的发展才逐步成熟定型，思想政治教育始终是我国大学生管理工作的主线，这是其与西方高校学生事务管理的重要区别。在此基础上，我国大学生管理的工作形成了思想政治教育、日常事务管理和学生服务并重的工作体系。

第二章　我国高校学生管理的实务考察

内容提要：我国高校学生管理既遵循大学生事务管理的一般规律，又具有鲜明的中国特色。在组织体系上，组织机构呈条块结合、党政合一、横纵交叉等特点，工作队伍肩负多重角色。在管理内容上，除“学习生活服务”“行为规范管理”外，“思想政治教育”历来是我国高校学生管理工作的重心。在管理模式上，经历了早期的“一元制”管理模式，我国各高校现广泛采用“二元制”管理模式，正在向“三元制”管理模式转型。在管理工作体制上，它既具备决策、协调、实施、操作的一般结构，在组成上又具有独特特点。当前，它在外部环境、管理理念、管理队伍、管理体制方面存在若干问题，制约着管理实效的发挥，而以期完善。

第一节　我国高校学生管理的组织体系

大学生管理的组织体系是由具体组织和人员队伍所构成的，涉及管理组织和管理队伍两方面问题。弄清我国大学生管理组织体系情况，对明细其工作主干是非常必要的。

一、我国高校学生管理的组织机构

自大学生管理专门作为一项管理科学进行独立研究以来，各国大学生管理的机构设置受到各国文化、政治、经济等国情的影响各有不同。在世界全球化大潮中，中外各国大学生管理工作互相借鉴、交流经验，虽然机构设置各有不同，但工作职能和设置原理上基本趋同。

（一）大学生管理机构的基本职能

所谓大学生管理机构的职能，是指大学生管理机构应承担完成的基本任务。作为学校的职能机构，中外各高校无不以“育人”为中心任务。根据国内目前的大学生管理实践并吸收国外学生管理的经验，大学生管理机构一般具备以下三种基本职能。

1. **服务职能**

服务职能是大学生管理机构的首要职能，这是不同于传统大学生管理机构的显著特点。邓小平同志曾经指出，领导就是服务。大学生管理机构的工作人员也应是学生的勤务员和公仆，理应为学生成才做好服务工作。这里所说的服务职能，既指大学生管理机构创造一切可能的条件为学生的成才服务，又指大学生管理机构在管理、协调的活动中树立为基层服务的意识，为基层管理工作的开展创造良好条件。

2. **管理职能**

管理职能是大学生管理机构的主要职能，是指大学生管理机构采取科学有效的手段，对学生群体、个体以及影响他们成长的各种因素进行调控、组合，以顺利实现学生管理目标的职能。对学生的管理，一方面必须建立纪律制度和行为规范，对学生进行必要的约束；另一方面要特别注意使学生能主动地、生动活泼地进行学习和生活，也即“严而不死，活而不乱”。

3. **教育职能**

教育职能是大学生管理机构按照教育方针的要求，向学生传授必要的道理和知识，从而全面提高学生素质的一种功能。学校要把学生培养成未来社会主义建设的新型人才，就必须充分发挥大学生管理机构的教育职能。

以上职能仅是高校学生管理工作最基本的工作任务，当然有的高校在各自需求和地方政策之下还存在其他职能要求。

（二）大学生管理机构的设置原理

大学生管理机构设置是否科学合理直接关系着学生教育管理工作成效的大小。根据管理一般原理，组织机构设置常采用以下四种结构形式。

1. **直线制**

这是一种类似金字塔形的结构形式，它的指挥与管理职能基本上是由主管领导负责。这种结构形式的优点是：机构简单，职责明确，政令统一，决策高效。缺点是：等级森严、形式呆板，对主管领导素质要求很高，往往不易达到。

2. **职能制**

这种结构形式要求主管领导设立完备的职能部门，并将相应的管理职责和职权授予职能部门，各职能部门在自己的职权范围内指挥协调下级单位的工作。这种结构形式的优点是：可以解决主管领导对专业性较强的工作指挥的困难，有利于职能部门进行专业管理，提高管理功效。缺点是：各职能部门的指挥协调较难，易导致下属单位接受多头领导。

3. **直线参谋制**

这种结构形式是在直线制和职能制的基础之上，收回了职能部门的指挥权，使其变为参谋部门。这种结构形式的优点是：既保证了主管领导的统一指挥权，又避免了直线制的粗放和职能制管理的多头领导的弊端。缺点是：容易强化指挥权，而忽视参谋权。

4. **直线职能参谋制**

这种结构形式是在直线参谋制基础上发展起来的，为了发挥参谋部门的作用，主管领导授予参谋部门一定的决策指挥权，使其成为职能参谋部门。这种结构形式是直线参谋制的补充，在执行中比直线参谋制更完善、更有效。

以上四种管理机构的结构形式各有其优缺点，相比而言，直线职能参谋制更适合大学生管理机构的特点。我国目前绝大多数的高校学生管理机构基本采用了直线职能参谋制结构形式。

（三）我国大学生管理机构设置概况

作为一个系统集合，大学生管理工作具有整体性和层次性。从宏观来看，我国大学生管理工作在机构设置和实际运行体系与自身的管理模式有关，但不管采用何种管理模式，其设置都会从纵向和横向两个方面进行制度规定。

在纵向上，我国大学生管理机构主要以学校行政线和学校党团组织线为依托，以学生自治组织线为辅助，以“校—院系—班级”为机构设置主线。

（1）在学校行政线上，存在“学校党委—学生工作职能部门/学院系党委—院系学生工作办公室/辅导员班主任—班级”四级管理机构。在学校层面，学校党委负责宏观指导和政策方针的贯彻落实，由分管学生工作的党委副书记或在学校党委之下设置的学生工作委员会领导学校学工作部门、学院、校团委等组织机构等学生管理工作。在学工行政或学院层面，学工部、研工部、招就处、教务处等学生工作部门具体负责学生学籍管理、教务管理、创业就业指导等管理服务工作，以落实国家和学校的学生管理规章制度。作为学工行政部门的平行机构，各学院党委既要负责教学管理，又要负责具体的学生管理事务。它由分管学生工作的院党委副书记牵头负责，领导本学院学生工作办公室、分团委、学生会等部门组织。在学院党委之下，各学院分别设置学生工作办公室接受学院和学校学工部门双重领导，领导辅导员、班主任、学生会等人员组织。在班级层面上，各学院根据专业和学生数量划分为若干个班级，由1名辅导员担任1～3个班的班主任，各班学生干部协助，具体负责学生管理工作。

（2）在学校党团组织线上，存在“学校党委—校团委/学院系党委—学院系团委—团支部”。各级团委在上级党委和团委领导下，贯彻执行上级组织指示和决议；领导和负责本级机构思想政治教育工作，组织团员青年学习马克思列宁主义、毛泽东思想、邓小平理论、“三个代表”重要思想、科学发展观和习近平新时代中国特色社会主义思想，培养大学生正确的世界观、人生观和价值观；以党建带团建，团建服务党建，发展中国共产主义青年团员，培养党的后备军；服务学生，维护学生正当权益；培养教育团员干部，领导学生社团管理等工作。

（3）在学生自治组织线上，一些学生自治组织接受学校党委和领导，也发挥着学生事务管理作用，即：“学校党委—学生会、研究生会、社团联合会—学生社团”。

在横向上，主要是校院、院院、院（系）班级之间各级党委、团委、学工机构、辅助机构之间的职能分工、沟通协调机制。

（1）学校党委和院系党委之间，学校党委是学校的政治领导核心，在组织和实施大学生思想政治教育方面负有首要的政治责任和领导责任。作为学校基层党组织，院系党委必须接受校党委领导，促进学校改革和发展、维护高校稳定，必须有针对性地开展学生日常教育管理、党团组织建设、学生工作队伍建设等具体工作。

（2）各级学工机构之间，下级学工办公室必须接受本级党委和上级学工部门双重领导，负责学校和学院（系）决策的具体实施，肩负调控、协调、督办、实施等职能。

(3) 学生宿舍管理服务部门作为学生工作辅助机构，接受校党委领导，管理下级学生公寓办公室和公寓辅导员，承担学校全日制学生的住宿管理与服务工作，发挥服务学生、服务育人、环境育人的功能。

(4) 在学生工作办公室、学院系团委和辅导员之间，学生工作办公室和学院系团委负责有关精神的上传下达和具体工作的安排与分工，辅导员负责学生工作的具体实施。学生会、研究生会在共青团指导下针对大学生特点开展思想政治教育活动，在大学生思想政治教育中发挥着桥梁和纽带作用。

(5) 学生班级、团支部、社团之间，班级是大学生的基本组织形式，是大学生自我教育、自我管理、自我服务的主要组织载体①，学生社团是由高校学生自愿组成，按照章程自主开展活动的学生组织，是以班级年级为主开展学生思想政治教育的重要补充②。

总体上，我国高校学生管理机构采用条块结合、两级运行、四级联动的总体布局，各级党委团委、学生工作机构、学生自治团体组织分工负责、协同配合、齐抓共管，形成了一张大学生管理网络。

二、我国高校学生管理的工作队伍

大学生管理工作队伍是指大学生管理活动的主体，即在高校中从事学生管理工作的人员所构成的队伍。其任务是构建稳定和谐的校园秩序维护学过程为核心的教学活动的正常实施，满足学生的成长成才需求培养全面发展的优表人才。

目前，我国大学生管理工作采取“专兼职结合”的方式，组成工作队伍：辅导员班主任队伍以及学校、院系的其他专职学生管理人员，是高校大学生管理的主体力量；高校业务课教师以及其他行政、教辅人员，为大学生管理兼职或后备队伍。此外，大学生具备自我管理能力，需要发挥其自身的主人翁作用。因此，各类学生自我管理团体及人员队伍也应纳入大学生管理队伍之中。

① 参见中共中央、国务院《关于进一步加强和改进大学生思想政治教育的意见》（2004 年 10 月颁布）。

② 参见教育部、共青团中央《关于加强和改进大学生社团工作的意见》（2005 年 1 月颁布）。

目前我国高校专职的大学生管理队伍包括辅导员、班主任及学校院系的其他专职学生管理人员。大多数高等学校已逐步形成了以辅导员、班主任为主体，由学校分管学生工作的党委副书记、校学生工作部（处）等管理机构（学籍管理、行政人事管理、思想政治教育管理等）的干部、院系分管学生工作的副书记、团总支书记等有关人员组成的专职大学生管理工作者队伍。专职从事大学生管理的工作人员在促进学校稳定发展、保证学生健康成长方面发挥着重要作用，在大学生管理工作中扮演着多种角色。

第一，思想政治教育者。辅导员是高等学校教师队伍和管理队伍的重要组成部分，具有教师和干部的双重身份。辅导员、班主任以及学校院系的其他专职学生管理人员是开展大学生思想政治教育的骨干力量，是高校学生日常思想政治教育和管理工作的组织者、实施者和指导者。

第二，良好学风的引导者。专职的大学生管理工作者引导学生树立正确的学习观念，调动学生学习的主动性；主动和任课教师取得联系，及时掌握学生的学习动态；涉足学生的专业领域，掌握学生的学习规律，从而更好地引导学生形成良好的学风。

第三，日常事务的管理者。专职的大学生管理工作者处于学校和学生联系的第一线，是学校和学生间正常沟通的桥梁和纽带，与学生保持着比较固定的紧密关系。对学校各项纪律要求执行情况的检查监督，对学生活动的组织管理，对学生实际的学习、生活困难的解决，对学生思想进步要求的引导等，都是大学生管理工作者的重要工作内容。

第四，特殊学生群体的帮助者。家庭经济困难学生、后进生、违纪生等学生群体具有一定的特殊性，需要专职大学生管理工作者对其进行有针对性的教育和引导，要对其投入更大的精力，尽可能地帮助学生平衡心态，健康发展。

第五，学生心理健康的辅导者。当今社会复杂多变，大学生受社会环境的影响，容易出现诸多的心理问题。专职的大学生管理工作者可以针对当代大的特点，进行心理健康教育，帮助大学生掌握心理调节的有效方法，培养大学生良好的心理品质。

第六，学生就业、择业的指导者。随着我国高等教育体制改革的进一步深化，一种新型的“市场导向、政府调控、学校推荐、双向选择”的高等院校就业机制已经形成。这一新型机制在为高校毕业生提供更多选择机会的同时，也提出了更高的要求。专职的大学生管理工作者通过帮助学生确定职业方向、制定行动方案、获取职业经验、调整就业心态、提高求职面试技巧等，使其正确处理就业择业问题。

高校广大的业务课教师以及学校其他行政、教辅人员，也是大学生管理工作的承担者。就业务课教师而言，可以在课堂教学和课外实习中规范学生行为，借助教学内容引导大学生正确地认识自我、规划未来，利用教学实践促进大学生学会自我管理，塑造学生群体的凝聚力。就其他行政、教辅人员而言，可以从自身工作实际出发，关注大学生的行为方式和成长成才规律，在服务中渗透管理理念，以优质服务实现管理育人、服务育人，协助专职的大学生管理人员做好教育管理工作。广泛调动高校中一切潜在的管理主体参与到大学生管理工作中来，有利于大学生管理队伍扩大覆盖面，保证大学生健康成长成才。

学生自我管理队伍也是大学生管理队伍中不可或缺的组成部分。要做好大学生管理工作，就要充分发挥大学生的主人翁作用。大学管理中的学生参与，就是大学生作为学校的相关利益者通过一定的形式主动将情感、才智等投入学校管理活动中去，与其他管理主体分享管理权力、分担管理责任的活动。早在1998年，联合国教科文组织的《21世纪的高等教育：展望与行动》中就明确指出：把学生视为高等教育关注的焦点和主要力量之一，应当在现有的制度范围内通过适当的组织结构，让学生参与教育革新和决策。大学生参与管理工作会为大学管理注入活力，有利于大学生的自我发展。

第二节　我国高校学生管理的主要内容

目前，国内外高校对大学生管理的含义及内容基本达成共识。在大学生管理的含义上，中外学者通常认为其是一种与教学相对的管理活动，包括非学术性和课外活动等丰富内容。[①] 在内容上，宏观上包括日常思想教育、学生管理和学生服务三个方面，微观上包括资助、心理咨询、纪律管理、社会实践、学生奖励、宿舍管理等方面。虽然中外学者对大学生事务管理的学理概括和外延界定各有不同，但在内涵上基本一致。本书结合我国具有中国特色的高等教育体制和管理职能，将大学生管理工作概括为三个方面，即：思想政治教育、行为规范管理和学习生活服务。

---

① 马明宇．海峡两岸大学生事务管理比较研究［D］．北京：北京体育大学，2016.

一、思想政治教育

思想政治教育是大学生管理主体针对大学生的价值观念、思想意识进行引导、教育和培养的活动。它是课堂教学外最重要的管理活动之一，主要包括政治教育、法治教育、道德教育、心理健康教育、职业观教育等内容。我国高校历来重视对青年人才的思想政治教育活动，它既关系到青年自身能否成长成才，也关系到中华民族和中华文化能否源远延续，更关系到能否培养出合格的社会主义建设者和接班人的长远问题。

自新中国成立以来，我们党把高校既视为后备人才的培养地，又视为思想文化的传播阵地，我们历届领导人对青年人都寄予殷切期望。特别是新时代以来，习近平总书记在历届五四青年节上的讲话既是对青年人的鼓舞，也为大学生管理工作者指明了工作方向。例如在纪念五四运动100周年大会上，习近平总书记希望新时代中国青年要树立远大理想、热爱伟大祖国、担当时代责任、勇于砥砺奋斗、练就过硬本领、锤炼品德修为、自觉树立和践行社会主义核心价值观。

目前，我国社会主义高校的思想政治教育活动在目标、原则、任务、内容、方法上既受到国家层面的法律法规、政策性文件指导，也受到高校自身制定的内部工作办法贯彻落实，其中政策性文件主要是对法律法规、党中央指导意见的落实性规定或实施细则，高校内部工作办法主要是高校结合自身校情和以往工作成果、经验进行的有针对性规定。法律法规如《高等教育法》《全面推进依法治校实施纲要》等，政策性文件如《中共中央国务院关于加强和改进新形势下高校思想政治工作的意见》《关于进一步加强和改进新形势下高校宣传思想工作的意见》《关于培育和践行社会主义核心价值观的意见》《教育部共青团中央关于进一步加强高等学校校园网络管理工作的意见》等数十部规定。在思想政治教育的活动内容上，我国高校广泛开展以马列主义、毛泽东思想、中国特色社会主义理论体恤学习教育为主的理想信念教育，以爱国主义为核心的民族精神教育和改革创新为核心的时代精神教育，以及社会公德、职业道德、家庭美德的道德教育，以宪法学习日、学习民法典、法治进校园等活动开展法治教育。在线上线下，通过各种思想文化宣传、主题学习活动等形式潜移默化地引导学生的价值观和道德观，保证大学生的爱国主义观念、集体主义观念、社会主义观念、法治观念不断增强。在思想政治教育方面，我国高校更加注重人的全面发展，更加强调大学生政治意识的培养。

二、行为规范管理

行为规范管理是指大学生管理主体为维护校园教学秩序和生活秩序，针对大学生的学习行为和生活行为制定的相应的管理规范。这主要包括考试纪律、学籍管理、奖励与处分、学生公寓管理、课外活动和校园秩序管理、学生申诉等制度。针对规范大学生行为的重要性，中外学者和各国教育行政管理部门基本形成了统一认识，中外各所高校都会结合本校实际而制定相应的学生行为守则或规范，保障每一位在校学生的权利，规定学生学业期间要遵守的义务。例如，普遍实行学籍注册登记制度，定期考核评定学生表现，对品学兼优学生给予物质或精神奖励，对打架斗殴、考试作弊、使用违规电器等扰乱校园秩序的行为给予处罚措施，规定学生申诉的权利和程序等规章制度。

可见，大学生行为规范管理是由多层次、全方位的规章制度所构成，具体由高校内设学生管理机构及专兼职人员所执行和监督。对大学生行为规范管理的严格与否往往由规章制度的完善与否、执纪严格与否所决定。当前，我国社会主义高校对大学生行为规范管理在国家层面主要有《普通高等学校学生管理规定》《高等学校学生行为准则》《学生伤害事故处理办法》《本专科生国家奖学金评审办法》《高等学校勤工助学管理办法》《国家教育考试违纪处理办法》《教育部办公厅关于进一步加强高校学生住宿管理的通知》等十几部规章制度。各省、自治区、直辖市教育行政管理部门以及高校自身结合自身省情、校情制定相应的实施细则和工作办法。

三、学习生活服务

学习生活服务是大学生管理主体为促进学生高效、便利地学习和生活而提供多方位的指导、咨询、帮扶和救助等服务活动，服务内容涉及大学生心理健康、社会实践、勤工助学、住宿饮食、党团活动、就业指导等方面。高校通过成立不同的管理服务机构，配备专业的教育管理人员和软硬件设施，针对不同需求提供相应服务，这是对高校“以学生为本”的服务理念的贯彻落实。例如，开展丰富的学生会活动、社团活动，发展学生各方面的兴趣和能；针对贫困学生提供奖助学金、勤工助学等援助；成立专门的心理健康服务中心和法律援助中心，疏导、解决大学生面临的心理健康问题和法律纠纷；举办各类创新创业大赛，指导大学生创新创业；成立专门的团委机构，指导大学生政治学习和党团建设；等等。

在我国，国家教育行政部门制定并颁布了数十项规章制度或指导意见较系统性地对高校大学生学习生活服务管理进行了规定，是各所高等院校制定内部管理规定的重要制定依据。这些规章制度或指导意见包括《教育部关于加强普通高等学校大学生心理健康教育工作的意见》《普通高等学校大学生心理健康教育工作实施纲要（试行）》《普通高等学校健康教育指导纲要》《普通高等学校学生党建工作标准》《中国共产党普通高等学校基层组织工作条例》《国务院关于进一步做好新形势下就业创业工作的意见》《国务院关于大力推进大众创业万众创新若干政策措施的意见》等。

第三节　我国高校学生管理的主要模式

任何一种管理都需要某种贯彻执行模式，大学生管理亦是如此。大学生管理模式主要是指在特定理念的指导下逐渐构建起来的，并由管理队伍、管理内容、管理机构、管理行为以及管理方法等共同组成的一种体系结构。[①] 大学生事务管理的实践探索起源于 13 世纪的英国，而我国高校起步较晚，管理模式大致经历了“一元制”“二元制”“多元制”的三个模式发展历程。本节主要对我国大学生管理模式进行介绍，其他国家或地区的管理模式将在后文中做比较分析。

一、“一元制”管理模式

“一元制”管理模式是我国高等院校过去采取的一种“校—院系—班”单线式管理的模式。该模式以校分管领导（一般是校党委副书记、副校长）为首

---

① 康少华．台湾高校学生事务管理工作模式的启示［J］．现代职业教育，2019（6）：216－217.

端层级，以学生班级为终端组织，管理工作大多数是通过班级来开展、落实和实现，学生班级是学生学习、活动的基本单元和主要场所，发挥着较强大的功能与影响力；管理主体主要是高校中的专门机构、专职人员以及临时性的参与学生管理的人员。高校是主动的教育者和管理者，而学生则是被动的受教育者和管理客体。[①] 该模式特点是管理主体单一、组织系统简单、层级结构单线，工作垂直运行。"一元制"管理模式如图 2.1 所示。

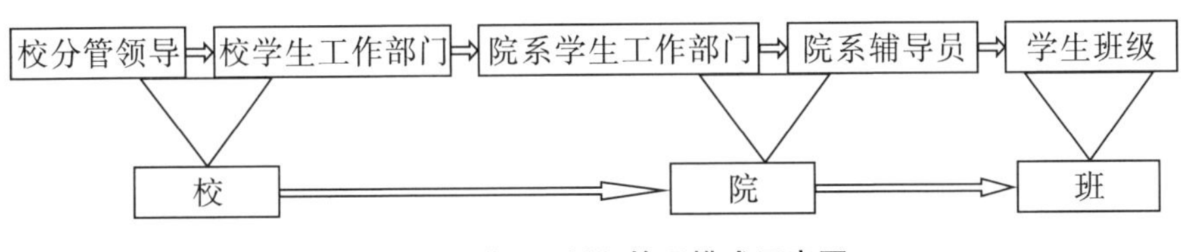

图 2.1 "一元制"管理模式示意图

作为一种封闭式、垂直式、指令式的管理，该模式的优缺点很明显：行政化的管理方式高效、快捷，能集中力量快速处理校园突发事件，较好地保障了校园教学秩序和生活秩序。但该模式单线刻板的缺点也忽视了大学生主体地位和社会力量调动，这不仅束缚了大学生个人能力的拓展，也极大地限缩了管理资源，使大学生管理水平难以突破管理瓶颈。大学生"一元制"管理模式是我国精英化高等教育长期实践中形成的一种封闭式管理体系，是大学生管理的雏形模式。

二、"二元制"管理模式

2002 年 12 月，教育部在第四次全国高校后勤社会化改革工作会议中指出："学生公寓是学生日常生活与学习的重要场所，是课堂之外对学生进行思想政治工作和素质教育的重要阵地。"[②] 自此，全国高等学校逐步将大学生公寓纳入大学生管理工作范畴，不断拓宽大学生管理工作内涵，这使得"二元制"管理式应运而生。

该模式是在原有的"一元制"管理模式基础上，将大学生公寓作为大学生群体管理的另一个系统，即形成"校—院（系）—班"管理系统+"校—社会

---

① 戴志伟，尹辉. 论大学生管理的三种模式类型［J]. 学术论坛，2013，36（5）：203－206.

② 邓易元. 掌握高等教育的发展规律发挥学生公寓管理的育人功能［J]. 西南农业大学学报（社会科学版），2004（2）：134－137.

化机构（后勤集团）—宿舍”管理系统双向结合的“两元制”管理模式，具有管理主体两元、社会管理参与、层级结构双线、工作垂直运行的特点。其中，“校—院（系）—班”管理系统主要负责学籍管理和教学性事务管理；“校—社会化机构（后勤集团）—宿舍”管理系统主要负责日常生活管理和思想政治教育管理，特别是在生活场所中对大学生进行思想政治教育和管理。“二元制”管理模式如图 2.2 所示。

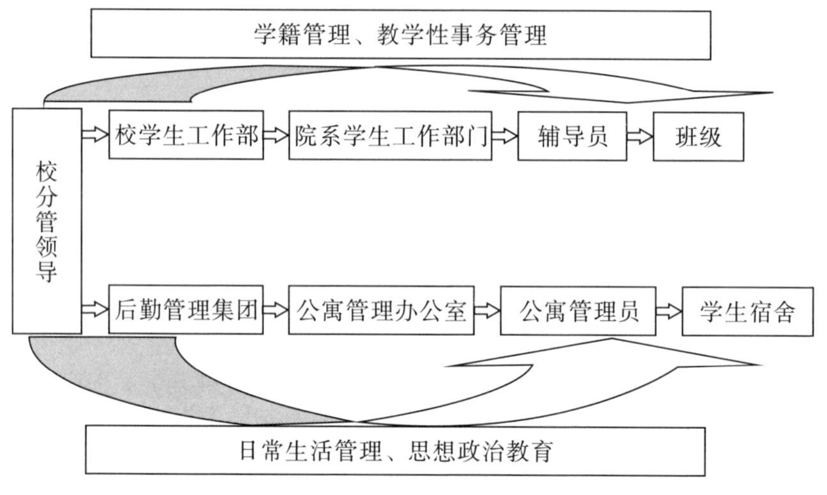

图 2.2　“二元制”管理模式示意图

“二元制”管理模式主要是将大学生事务管理重心下沉至学生公寓中，把学生公寓变成对大学生进行思想、素质教育与管理工作的阵地和载体。大学生公寓管理机构直接面向大学生，在宿舍开展教育管理活动。这形成了对大学生学术方面的宏观管理与日常方面的具体管理双向结合的管理模式及运行机制。该模式的管理主体除了高校内部的专门机构、专职人员以及兼职参与学生管理的人员外，日益社会化、企业化运转的管理机构中参与大学生服务供给的管理人员等也理所当然地成为管理主体之一。社会化人员的参与，一方面可以缓解高校采用增设部门机构或增添工作人员的方式来应对日益扩招增加的在校学生数量的压力；另一方面也可以让高校投入更多的精力与时间来关注大学生学术能力的培养与提升。值得注意的是，该模式是我国高等教育精英化向大众化进程中的产物，是社会管理初步参与高校大学生教育管理的模式类型，是一种过渡模式。目前，国内各高校基本实现和广泛采用“二元制”管理模式，通过购买社会服务或选聘社会化单位来辅助大学生管理工作。

三、“多元制”管理模式

随着我国高等教育大众化、学生来源多样化、社会管理日趋成熟、学生权利意识凸显，大学生管理工作形成了由国家、社会、家庭、高校、大学生多方主体协同共管的格局，更多力量参与到高校管理。“多元制”管理模式在此背景下应运而生，是大学生管理模式的必然发展趋势，也是我国高校借鉴发达国家高校大学生事务管理经验的结果。该模式是在“二元制”管理模式基础上的进一步发展，是一种多线扁平开放式系统，以管理主体多样、管理层级较少、工作扁平运行为主要特点。

该模式主要来自以下五个方面的管理主体直接或者间接地承担着大学生的事务协调、服务供给工作。

（1）国家层面：国家教育行政管理机构。

（2）社会层面：社会化服务单位、各类公益服务机构。

（3）家庭层面：学生监护人等家庭成员。

（4）高校层面：校、院系、班级。

（5）学生层面：大学生自我管理、自我服务组织。

在这些主体中，国家层面主体主要是为大学生的成长成才制定指导政策并提供资金支持，社会层面主体主要是为大学生提供实践机会和就业场所，家庭层面主体主要是关注大学生青春成长的心理健健康与生活问题，高校层面主体主要是关注大学生学习思想上的学术培养与人格塑造，学生层面主体主要是提升自我成长的自立意识与自强精神。各主体相互之间需加强联系沟通，一起形成整体合力。“多元制”管理模式如图 2.3 所示。

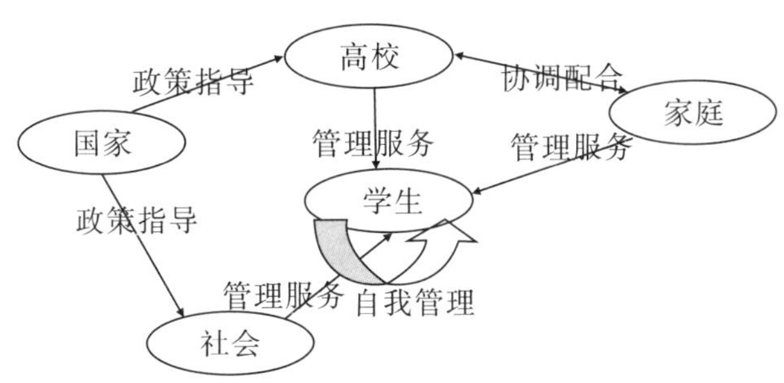

图 2.3 “多元制”管理模式示意图

当前，美国、日本、新加坡等发达国家高等院校均逐步采用“多元制”管理模式，多元主体的共同参与、共同配合、各司其职，能调动一切有利因素完善管理与服务供给，收到了良好效果。未来，“多元制”管理模式必将是我国大学生管理模式的发展趋势，但是多元主体如何合作协同、如何有机结合的问题需要根据各国各地区社情、校情、学情的不同而因地制宜，这也是大学生管理工作者未来需要着重研究的课题之一。

第四节　我国高校学生管理的工作制度

大学生管理工作制度对高校自身建设和人才培养有着直接影响，对其深入研究是教育行政管理部门与辅导员工作的重要任务之一。目前，我国大学生管理工作制度的内涵与外延在学界并无统一的、明确的界定。但从内涵上看，主要有以下两种认识：

一是广义上认为大学生管理工作制度不仅包括由学校自行制定并执行的制度，还包括由国家、教育行政部门制定的针对在校大学生以及高校各类管理活动的法律、法规、条例、规章等。

二是狭义认上为在我国现行的立法体制下，大学生管理工作制度属于高校内部管理制度，不属于法律体系的组成部分，是国家宏观、中观制度框架下的子制度，适用于高校内部成员。具体来说是指高校依据国家有关的法律法规，为保障学校教育教学工作的正常运行，为全体学生提供良好的教育教学秩序而制定的一系列在全校范围内具有普遍约束力的各种规定、办法等。

本书认同第一种看法，因为大学生管理工作制度不仅要将大学生的思想和行为纳入规范对象，更要规范大学管理者自身，从而形成一套有序、规范、科学的管理体系。这既是提升大学生管理工作实效的需要，更是保障学生合法权利的需要。因此，它是以高校及大学生群体为规范对象，其内容涉及高校自身管理行为及学生管理活动，但以规范大学生的思想行为和学习、生活为主要制度内容，体现为各类管理规定、行为准则及管理办法的规章制度。因此，本书中将其定义为：大学生管理工作制度是为规范高等学校管理活动及在校学生思想行为，由有关教育行政管理部门及高校制定的一系列具有普遍约束力的各类制度的总称。

一、我国高校学生管理制度的构成

在外延上，大学生管理制度不仅包括高校制定的管理规定，还包括国家教育行政管理部门制定的有关大学生管理工作的一系列的法律、法规、办法、意见、通知等。但由于我国迄今为止并没有一部系统的学生管理方面的法律法规，有关大学生管理的工作制度分散规定于现有的各类法律法规及内部规章中。因此，我国大学生管理形成了法律、行政管理法规、内部管理规定三个效力层级的工作制度体系。在法律法规内部上又有多个效力层级：在宪法层面，《中华人民共和国宪法》赋予学生受教育权。在基本法层面，我国以《中华人民共和国宪法》为依据制定了《中华人民共和国教育法》《中华人民共和国高等教育法》等教育法律。在行政管理法规层面，我国教育部以法律为依据，制定了有关的管理规定、办法、意见等；各省、自治区、直辖市教育厅（局）依据法律，结合本土情况，制定各类大学生管理实施办法、细则、规定等，如《普通高等学校设置暂行条例》《普通高等学校学生管理规定》《普通高等学校辅导员队伍建设规定》《高等学校学生行为准则》《学生伤害事故处理办法》《高等学校学生勤工助学管理办法》《××××省高等学校优秀毕业生评选认定办法》。从高校实施内部自主管理权看，高校一般都依据国家法律法规及部门规章制定了管理规定或实施办法等，如《××××大学学生违纪处分办法》《××××大学本专科学生奖学金评定办法》《××××大学学院学生工作考评体系》。这些工作制度具有权威性、时效性、强制性、工具性、合法性、教育性、层次性等多种特征。

二、我国高校学生管理制度的内容

按照制定主体的不同，大学生管理工作制度可分为外部管理制度和内部管理制度两大类。其中，内部管理制度主要包括学籍管理制度、学习管理制度、考试管理制度、图书管理制度、实验室管理制度、奖惩管理制度、留级休学退学管理制度、学费管理制度、就餐管理制度、住宿管理制度、经济难生资助管理制度、毕业生就业管理制度、学生会与社团活动及校外实践管理制度、安全管理制度等 14 余类工作制度。

在内部管理制度中，还可按照“制定主体”进一步细分为学校制定的制度，如学校章程、校规校纪等；院系制定的制度，如院系学生管理办法、院系学生奖惩办法、院系学生社团工作办法等；班级制定的制度，如班规、值日制度、班费管理办法等。按照“规范性质”，还可进一步细分为义务性规范、禁止性规范和授权性规范。其中，义务性规范是指规范中明确指出学生必须作出一定行为或者规范其有承担一定行为的义务，如学校文明公约等。禁止性规范是指在规范中明确指出学生不得作为的行为，如在寝室管理制度中明确禁止违章使用电器、禁止赌博等。授权性规范是指在规范中指出学生有权进行的某种行为，作为与不作为是学生的权利，如在学生申诉制度中明确学生有权通过申诉等方式维护自己的合法权益等。

外部管理制度则是由《中华人民共和国教育法》《中华人民共和国高等教育法》《普通高等学校学生管理规定》《普通高等学校学生管理规定》《高等学校行为准则》《学生伤害事故处理办法》《普通高等学校健康教育指导纲要》等几十部法律、法规、条例、办法、意见、纲要、规划所构成，涉及基本业务管理、思想政治教育管理、心理健康管理、党团建设管理等多项内容，成为大学生内部管理制度制定的“上位法”。

第五节　我国高校学生管理的工作体制

按照《现代汉语词典》的注解，所谓体制，就是“国家机关、企业、事业单位等的组织制度”。我国大学生管理工作体制也可理解为大学生管理工作的组织制度，属于事业单位的组织制度范畴。作为社会主义的高等学校，我国大学生管理工作体制的目标是要为社会主义事业培养建设者和接班人，这一根本目标既为高校学生管理机构的设置提出了导向性要求，也从总体上规定了学生管理机构的职能。而学生管理机构设置是否合理、职能是否科学将直接影响学生管理的质量。因此，研究大学生管理工作体制和学生管理机构，对大学生管理工作具有重要意义。

一、高校学生管理工作体制的结构

所谓大学生管理工作体制，就是在一定的教育方针指导下，按照一定的原则建立起来的体系结构，主要包括机构建制、各机构间职权的分工协作、领导和管理的原则、规章制度等。大学生管理工作体制是大学生管理的领导制度、机构设置、管理权限及相互关系的根本性组织制度，它是实现学生管理目标、实施具体学生管理措施的保证。按照系统论的观点，学生管理体制应是一个系统结构，它既是学校管理体制的子系统，同时自身又是一个完整的系统。但是不管学校的管理体制发生怎样的变化，学生管理体制应具有四个层面：决策、协调、实施和操作，而且四个层面呈正三角结构，以形成一个稳定的管理系统。

（一）决策层

所谓决策，就是“人们在行动之前对行动目标与手段的探索、判断和选择”“从管理者的角度而言，决策是其管理工作的核心的、基本的要素”。决策在管理体制中具有重要作用，美国梅隆大学教授、1978 年诺贝尔经济学奖获得者西蒙提出“管理就是决策”，这一论断体现出了决策在管理中的重要地位。从大学生管理工作体制而言，决策层次主要是对大学生的思想动态、管理工作的开展和走向进行预测分析，在此基础之上，形成学生管理的方案，交由职能部门及领导层作出学生管理的决策。高校学生管理决策有以下几个步骤：发现问题→确定目标→拟订方案→选择方案→执行方案→检查评价和反馈处理。这里的目标包括学生管理的总体目标、阶段目标等。决策层将决策交由协调层去贯彻协调。

（二）协调层

大学生管理工作与其他校内管理工作不同，是一项牵涉校内诸多部门和系科班级的工作。因此，搞好协调工作显得尤为重要。协调层将决策层的决策具体化为指令信息下达到下一层次，同时又及时将有关信息传递给横向的有关部门。有时协调层是由若干部门共同构成的。

（三）实施层

由协调层传来的指令性信息到达实施层实施，即可视为进入实施阶段。实施层的任务是将这些信息“内化”为切合本单位（系、科、班级等）实际的实施信息，以推动操作层的正常运转。

（四）操作层

操作层是学生管理体制中的基层任务，也是最繁重的。其职能为具体接受上层的指令，完成各项学生管理的任务。

为了充分发挥学生管理体制在学生管理工作中的效能，四个层面在具体运行过程中还应注意以下几点：第一，必须明确各个层面的职责。一般情况下，层面不宜“越位接球”，应做到各司其职、各尽其能、互相配合。第二，每个层面内部和四个层面之间应建立起畅通的信息传递、反馈通道，以保证上下层面和同一层面不同部门之间的信息交流。这里的信息沟通不一定逐层进行，有时也可以跨层沟通。第三，各个层面的人员配备应符合精干适用、人尽其才的原则，建立起一支强有力的学生管理队伍。

二、我国高校学生管理工作体制的组成及特点

正如前文分析，工作体制是一个涉及组织机构设置、各机构间职权分工协作、组织领导和管理、各工作制度协调运作的一系列规章制度的集合体。而大学生管理工作体制同样是高校组织管理制度、学生事务管理制度等各项制度以及工作机制的集合体，由静态管理制度和动态工作机制组成。

（一）我国高校学生管理工作体制的组成

实际上，动态工作机制也是由不同制度所构成，它们与静态工作制度的区

别在于其作用发挥在工作的动态管理、协调、保障、激励等运行层面。

大学生管理工作体制的静态制度层主要是由大学生内部管理制度和外部管理制度所组成的制度群或矩阵。

大学生管理工作体制的动态机制层主要由大学生内部管理运行机制、动力机制、保障机制和评估机制等构成。

(1) 运行机制是指为实现大学生管理基本职能，所建立的规范内部管理系统构成要素间的相互作用关系及与外部环境之间各系统相互协调关系的运行制度或方案，如校团委与院系分团委的职能分工机制、各院系辅导员工作协调机制、校院学工组织设置及协调机制等。

(2) 动力机制是指能够打动大学生管理工作者和大学生精神，激发其主观能动性、主动创新进步，促进其全面发展的机制，如辅导员职业发展规划、学生工作科研奖励办法等。

(3) 保障机制是指通过提高大学生管理队伍的工作水平和整体素质，完善组织机构的服务功能，增加必要的经费投入，建立相应的制度等，从而发挥大学生管理的服务保证作用，如职业培训体系、科研项目申报办法等。

(4) 评估机制是指对大学生管理过程和结果的评估，包括管理绩效和职责履行程度的双向评估，以激发大学生管理者和大学生的双向积极性的系列制度，如学生工作考评体系、学生综合素质评价手册等。

（二）我国高校学生管理工作体制的特点

由于受到我国独特的政治、文化、经济和习惯等影响，我国大学生管理工作体制内外部都具有明显的行政化、党政化特点，主要体现在以下几个方面。

1. 行政化管理色彩明显

我国大学生管理工作体制从外部领导和内部实施层面都体现着明显都行政化管理色彩，外部领导的行政化控制力也深刻影响着高校内部学生管理工作。

在外部领导体制上，我国高等教育行政管理自新中国成立以来先后经历了中央统一领导、中央与地方（省、自治区、直辖市）两级管理、中央与地方以及中心城市办学的三级体制。中央一级的学生工作管理行政机构主要是教育部高教司、学生司，地方一级教育厅（局）内设高教处、学生处等，中心城市教育局也有设立学生处的情况。目前，对本科院校学生工作发挥行政影响的主要是教育部、省级教育主管部门。高校学生司、处主要任务是依据有关法律、行政法规和指令，负责高校学籍管理和其他有关高校学生事务管理工作。行政影响是通过出台法规及规章规范和指导高等学校开展学生工作，对高校学生工作进行检查、评估和督导，组织校际学生工作的经验交流和工作研讨。在现行情况下，教育部学生司和省（自治区、直辖市）教委的学生处还负责招生和就业制度改革以及高等教育学历的统一管理。这种外部的行政管理体制表现出强大的约束和控制力，行政命令对高校的办学理念和运行方式起着决定性作用，至今仍深刻影响着高校内部管理活动。

在高校内部管理体制上，许多高校仍未摆脱职权主义体制下的思维惯性。一方面，在机构设置上采取党政合一体制，采取逐级管理、条块结合的运行方式，管理层级多、审批流程长；另一方面，在工作意识上，决策层、协调层、实施层、操作层的学工管理人员还未真正确立其服务育人的理念，仍以规范、监控、惩戒为主要的管理手段，以政治、思想、纪律和奖惩管理为主要的管理内容，缺乏对学生的人文关怀和对学生利益及需要的关心，即使有了一定的服务意识，也是那种居高临下的“服务”。综上，我国大学生管理工作体制由外向内、从思想认识到工作实践都还有明显的行政化管理色彩。

2. **党政合一化运行**

党政合一的学生工作管理体制在我国有其必然性，其原因主要包括以下三个方面：

第一，新中国成立之后，党的教育方针也是国家的教育方针。

第二，由于在新中国高等教育史上，学生工作长期隶属于学校政治工作或德育工作，加之考虑到高校学生稳定在社会政治稳定中的重要作用，因此将学生工作划归党务系统，由政工人员负责学生工作是有其必然性和合理性的。

第三，随着思想教育的专业化、思想政治教育课程列入教学计划、学生事务出现大量的新情况，导致学生事务中行政事务大量增加，学生工作行政化越来越明显，从而要求强化行政功能。这种情况下，形成了学校一级学生工作在党委统一领导下，由党委副书记和副校长共同负责或党委副书记负总责，或分管学生工作的党委副书记兼任副校长，同时根据党委和行政赋予的职责职权设立学生工作部和学生工作处，也有学生工作部和学生工作处“部处合一”的，即“两块牌子、一班人马”或“合署办公”的管理体制。

3. **条块结合、两级运行、逐级管理**

当前，我国高校学生管理工作在学校一级成立由校党委和校行政领导下的学生工作委员会，学生工作部（处）为其办事机构，承担高校学生工作管理的主要任务，是高校学生工作的最为主要和重要的管理部门，承担大部分学生事务及其管理工作。团委作为青年学生的群团组织，为另一个相对重要部门，主要承担学生校园文化、课外活动、社会实践和学生科研活动等方面的组织和管理。学生管理工作的其他职能由相应部门分别实施，如学生的教学和学籍管理由教务处负责，学生的后勤管理由总务处或后勤公司负责，学生的招生和就业由招生就业处负责等。在学校院（系）一级，学生管理工作由党总支副书记对整个学生工作负领导责任，指导和协调全院（系）的学生工作。学院（系）设立学生工作办公室或学生管理科，它在业务上同时学校学生工作部（处）和院（系）学生工作领导小组的双重领导。各班（年级）配备辅导员或班（年级）主任，他们直接面对学生，负责学生的日常思想教育和管理工作。辅导员或班（年级）主任的身份有两种情况，一种为专职人员，一种为业务教师兼职或者高年级研究生兼职。这样整个学校学生管理工作形成条块结合、纵横联合、两级运行的学生工作网络和运行机制。此外，也有按学生住宿区设立学生社区管理委员会和社区党总支。

第六节　我国高校学生管理面临的问题

随着我国现代化进程加快和高校教育体制改革，新时代对大学生管理工作提出了新要求、新挑战。当前，我国大学生管理工作在管理理念、管理技术、管理体制方面还存在问题，面对外部环境挑战和学生需求升级，我们需要进行有针对性变革，才能提升管理效能和服务质量。

一、外部环境问题

在精英化教育向大众化教育转型背景下，我国高等教育在外部环境上的巨大变化使大学生管理工作面临前所未有的挑战。

（一）社会转型带来的思想冲击

目前，我国政治、经济、文化等领域正处于社会转型期，高等教育领域也面临着一系列重大变革。对大学生而言，由于正处于社会化敏感阶段，他们的价值选择与取向极易受到多元化的社会意识和文化的影响而产生波动、变化。特别是随着改革开放的纵深发展和市场经济体制不断完善，在人们的物质生活获得极大改善的同时，思想观念、价值取向、道德心理和生活方式等方面发生了深刻的变化，从而使得大学生管理工作变得更加复杂。具体表现为：第一，投机倒把、不公平竞争等消极现象以及拜金主义、享乐主义等消极思想，对大学生的思想政治教育产生负面影响；第二，改革开放的进一步扩大，我国与世界各国经济、文化交流的日益频繁，使大学生管理工作置身于不断开放的环境中，直接面对来自国内外各种思想的影响；第三，经济社会发展中“一手硬，一手软”的偏向导致仍有忽视大学生管理工作的情况。

（二）高校体制改革带来的管理挑战

近年来，伴随高校教育体制改革的不断深入，特别是收费、就业分配制度的实施，原有的学生工作模式已不能完全适应形势和环境的变化，面临着巨大的困境和挑战。主要体现在以下几个方面：

第一，学分制对大学生管理工作的挑战。学分制和弹性学年的施行，充分体现了“以人为本”“学生主体”的教育理念，为学生提供了更多的学习自主权和选择权，调动了学生的积极性和主动性。但不容忽视的是，它给传统的学生工作模式带来了新的挑战：学分制实行弹性学制，且学生选课是以学科平台为基础，专业之间可以互相选课。大学生中出现了“同班不同学、同学不同班”的现象，使传统的班级或年级概念淡化，而且班级或年级的人数也不断处于动态的变化之中，班级成员在时间和空间上离散性增强，以班级为单位参加的集体活动减少。这种状况大大削弱了班级的作用，打破了传统班级、年级的界限和传统的以班级为主要载体的学生思想政治教育框架，使得学院（系）或班级为单位组织的思想政治教育和管理活动难以开展。这就有可能使学生的思想政治工作出现“盲点”，同时也容易导致学生的班集体观念淡化，容易使学生形成以个人为中心、纪律意识淡薄的心态。

第二，后勤社会化对大学生管理工作的挑战。高校的后勤社会化一定程度上弥补了高校办学经费和资源的不足，使学校能够集中资源改善学校的教学、科研条件及学生的生活条件，优化育人环境，但也给大学生事务管理带来一些问题。其一是大学生活社区化、成才环境社会化，这在一定程度上削弱了学校对大学生行为的约束力；其二是改革后的学生公寓按成本收费，虽然学生的学习、生活条件有所改善，但原本作为培养大学生劳动观念、团队意识重要阵地的宿舍的育人功能有所弱化；其三由于住宿安排打破了院系、年级、班级的界线，原先以班级为基本组织形式的学生思想教育的效用大大减弱；其四由于班级在学生教育管理功能中的弱化，探索学生工作如何进宿舍、进社区是学生工作者所要面临的问题。

第三，收费、就业制度改革对大学生管理工作的挑战。高校收费和分配制度改革，使学生上大学由原来的“两包”变为“两自”，即由国家统包经费变为自己缴费上学，由国家统包分配到学生自主择业。一方面，这带来了教育理念的变化，另一方面，增加了学生工作的内容。缴费上学制度改革使大学校园内出现了贫困生这一群体，就业制度改革则带来学生就业压力的增大，这客观上需要将学生资助、勤工助学、学生就业指导以及学生心理健康教育等工作内容纳入学生工作领域。

第四，教育大众化对大学生管理工作的挑战。这是任何国家在实现高等教育大众化的过程中都会遇到的问题。所谓数量的扩张，意指作为社会化教育体系的一个组成部分，高等教育人才培养目标必须从满足培养少数英才的国家需求转向同时满足更广泛的社会需求和公民的个人需求，这是教育大众化的一个主要表现。但是我们应当看到，片面追求量的扩张又会与有限的教育管理资源的承载能力发生冲突，使得短期内现有教育管理资源捉襟见肘。另外，由于招生数量的扩张，高校学生在年龄结构、文化背景以及成才目标上将会呈现出较大的差异性，从而给高校人才培养质量带来挑战。① 同时高等教育大众化给大学生事务管理的内部组织结构和外部环境带来诸多深刻的变化，使学生工作面临挑战。其一是工作对象的复杂化。高考制度的改革和报名条件的逐步放宽，导致大学生群体社会构成复杂化、素质状况层次化，这在一定程度上造成了学生工作的难度。其二是工作空间的拓展化。网络信息化、生活社区化、成才环境社会化等趋势大大拓展了学生工作的空间概念。大学生工作的空间概念从校园内延伸到校园外，从现实空间延伸至虚拟空间。其三是工作形式的多元化。传统意义上的班集体作为学生教育管理工作的基本组织形式和主要载体被弱化，以宿舍、社团、网络为主要载体的学生工作模式得到积极探索。其四是工作内容的丰富化。随着教育大众化的普及，高校学生工作的理念、内涵和职能经历着更新、扩展和转型，学生心理健康教育、学生资助、勤工助学、就业指导等工作内容纳入学生工作领域。

（三）网络信息化带来的负面影响

自20世纪90年代以来，国际教育界出现了以信息技术（IT）的广泛应用为特征的发展趋向，国内学者称之为教育信息化现象。以网络化、数字化、多

---

① 纪宝成．我国高等教育大众化进程中的挑战与对策［J］．高等教育研究，2006（7）：1—10．

媒化和智能化为代表的现代信息技术，正在改变人们传统的生活、学习和工作方式。当网络以其信息容量大、开放性、共享性、传播迅捷性等特点改变着大学生的学习、生活、人际交往甚至是思维方式时，却也给大学生管理工作带来一系列的问题和挑战。第一，由于部分大学生自我控制能力差、分辨能力不强，往往沉溺在纷繁复杂的信息网络中，容易脱离班级与集体，陷入盲目疏懒、空虚贫乏的心理状态，从而导致意识范围狭窄、人际关系淡漠、价值观错位，产生各种心理疾病。第二，由于网络的虚拟性和隐蔽性等特点，如果缺乏一定的法律约束或缺失网络道德教育，个别大学生受好奇心强等因素影响极易产生各种网络犯罪。第三，由于网络开放性和信息共享性等特点，各种信息充斥网络，如果自我分辨力或自我控制力不强，大学生极易受西方消极思想的影响。第四，网络信息化使传统的学生工作方式从形式到内容发生深刻变化，如何利用网络构建大学生思想政治教育网络管理系统及如何加强大学生网络道德教育等问题，均是众多学生工作者所面临的课题。

（四）家庭因素增加了管理难度

家庭是大学生社会化的最初场所，总是从思想、政治、经济、文化等诸方面全方位、立体式地影响着学生的成长成才。在中小学阶段，家庭配合学校教育，在学生发展过程中起到重要作用。但到大学阶段，家庭对学生的教育则带有一定的随意性，家庭和学校的联系也处于自发状态。特别是近年来家庭系统伴随社会发展而产生的新变化更是对高校学生工作造成了挑战。其一是独生子女问题对高校学生工作的挑战。独生子女大学生的比例逐年增多，他们普遍受到的家庭照顾比较多，应对挫折和困难的心理准备和承受力不足，部分人往往表现为个人意识强、集体观念弱，上进心强、相容观念弱，参与意识强、责任观念弱，这也给高校学生工作造成一定的难度。其二是学生家庭经济状况分化对高校学生工作的挑战。在教育大众化特别是高校收费制度与就业制度改革过程中，家庭经济困难学生的比例增高。虽然国家制定了奖优助学、助学贷款、勤工助学、学费减免等一系列的政策和措施，但这些学生中的一部分往往由于经济压力、交往压力、就业压力，容易产生一系列心理问题，如自卑偏执、冷漠等。这就需要学校在给予贫困生以经济扶助的同时，也应该给予一定的心理扶助。其三是父母错误观念对高校学生工作的挑战。随着社会竞争的加剧，不少学生家长更多的精力和时间放到了工作上面，而相对忽视了对大学生的关注和教育，并将教育责任推给了学校。

二、管理理念问题

大学生管理理念是大学生管理工作者在对学生进行管理和服务的实践和思维活动中，认识和处理各种问题、需求所必须坚持的观念和价值取向。根据访谈调查发现，通过多年的系统培训和交流，大部分高校的学生工作者在管理理念上有了大幅改观，基本确立了“以人为本”“服务育人”的意识和理念，但还存在以下问题。

（一）“以人为本”理念贯彻不充分

进入 21 世纪以来，我国大学生管理工作吸收借鉴了发达国家的管理理念，在总体上扬弃了单方面的传统“填鸭式”教育，逐步确立起服务学生的意识。但是“以学生为本”的理念贯彻得还不深入，学生自我管理、自我服务的主体地位未得到充分彰显，不重视学生知情权、表决权、发言权等正当权利的现象还依然存在，行政化、单方性、指令式管理依然占主导地位。学生常被视为被教育和管理的对象，学生管理工作往往倾向满足于不出事、不闹事，工作重点侧重于规范和约束管理过程而缺乏民主与参与。[①] 我们必须承认的是，缴费上学对学生而言既是一种法律权利，更是一种教育投资行为，学校的培养、服务过程也是履行承诺的过程，提供全面和优质的服务是学校应尽之责。大学生管理工作应当转向于服务型管理，改变以往单方行政型管理，为学生提供细致周到的服务，使刚性管理向柔性管理转变。

（二）“服务育人”理念落实不到位

新中国成立以来，我国高等学校大学管理工作理念一直强调以“社会本位”“知识本位”为价值取向，注重“德育首位”。学生工作强调德育和道德约束，侧重于宏观要求和知识的垂直灌输，主要表现为对学生行为的控制和约束，强化思想道德建设和社会价值，重统一、重管理、重理论。新时期，大学生管理工作在考虑满足社会需要的同时，开始向考虑重视学生需要的方向转移。

2004 年 10 月，《中共中央国务院关于加强和改进大学生思想政治教育的

① 朱继磊. 高校学生工作运行机制问题与对策研究［D］. 济南：山东大学，2010.

意见》明确指出，高校加强和改进大学生思想政治教育是教书育人、管理育人、服务育人相统一的系统工程。要“坚持教育与管理相结合”，要“从严治教、加强管理”，要“建立健全与大学生成长成才相适应的管理制度体系”。自此，大学生管理工作逐步重视学生服务内容，开展诸如学生心理健康教育、校园文化建设、学生资助等服务性工作。但是经历十多年的发展，这些工作内容并未在高校形成学生工作主流，管理有余、服务不足。大学生管理工作者的服务意识还有待提高。

（三）“与时俱进”理念有待强化

“与时俱进”的理念本质上就是要求大学生管理工作者突破因循守旧，改变一成不变的管理工作模式，不断更新工作理念、不断创新工作方式，以促进学生自由、全面发展。考虑到大学生的心理特点、思维能力，大学生管理工作者应该设法为学生成长和发展创造更有利的条件，使他们的个性和才能得到完善与发挥，充分尊重学生的选择与自我发展。在课程学习、社会实践、活动开展等方面给予学生更多的选择权，给学生提供更多的途径与机会，从而坚定学生的信心。大学生管理工作必须根据时间的不断推移，根据实情实景尊重学生的不同个性，重视从学生个体的价值出发，唤起学生的主体意识，发挥学生作为主体的潜能，促进学生素质的全面发展。

目前，部分高校在学生管理工作方面踊跃作出创新性探索，并取得了良好成绩。例如，华中科技大学探索高校“一站式”学生社区综合管理模式建设，24 小时为学生护航；电子科技大学成都学院在网络“微时代”首创微视频网络思政平台，巧妙利用“微语录”宣扬正能量；同济大学以“三进三知”做细做活社区思政教育，构建全方位、立体式、浸润式的辅导员社区思政工作微体系；四川师范大学着力学生骨干队伍建设，充分激发学生自我管理、自我服务能力；等等。值得肯定的是，各高校开始转变传统管理方法，探索更高效的思政教育方式和管理方法，这正是“与时俱进”理念在大学生管理工作中的贯彻体现。但当下仍有一些高校的学生管理工作因循守旧、创新不足，管理理念、方式更新滞后而管理效果不佳。同时，受到国家对学生思政教育的政策重视，各高校聚焦思想教育工作创新，而对学生服务创新重视程度不够，导致学生管理工作的整体发展受阻。未来，大学生管理工作不管是领导层还是实施层都应进一步强化“与时俱进”的工作理念，克服思想懈怠而主动作为，克服因循守旧而积极创新，克服目光局限而着眼全面发展，克服思维局限而借鉴世界经验。

三、管理队伍问题

大学生管理工作队伍是各项学生管理制度的执行者，其工作能力的大小、强弱直接制约着整个大学生管理工作成效，重要性不言而喻。当前，我国高校学生管理工作队伍尚存在以下不足。

（一）学生工作队伍专业能力有待提升

目前，我国大学生管理工作队伍一般由专职辅导员、专职或兼职班主任、思想政治教师、各级学工行政管理人员、各级团委管理人员等共同组成。以前，学生工作队伍面临的专职人员少、队伍不稳定、人员学历低的问题在近年来已得到了极大改善，但目前学生工作队伍还存在两个比较突出的问题：一是仍有部分高校在队伍职业准入和把关上还有不严格的问题；二是学生工作队伍的专业化水平和职业能力仍有待提高，主要体现在人员专业不对口、应用信息化技术和管理创新的能力不强等方面。

目前我国高校学生管理队伍，特别是辅导员（班主任）队伍，还主要以思想政治教育、汉语言文学、教育学等学科背景等人员为主，少量的理工类、法学类专业背景人才为辅，较缺乏心理学、社会学、伦理学、信息技术类等专业背景的人才。学生事务管理涉及学生管理、教育、服务多方面，是一个庞大的知识系统，需要复合专业或多专业背景的人才队伍协同作业才行；否则，管理人员的专业技能和综合素养的不足，便会引发职业能力不强的问题，制约学生管理工作实效。

（二）学生管理队伍建设机制有待进一步健全

实际上，学生管理工作队伍面临的问题复杂多样，还包括队伍选拔单一、年龄性别结构不合理、专兼职比例失调、职业发展空间受限、专业培训不系统、考核激励不足等问题。这些问题的产生主要根源在于学生管理队伍建设机制还不够健全。

学生管理队伍建设应当从人员准入、职业发展规划、服务保障等方面着手，构建一套囊括队伍选拔机制、职业发展机制、培训成长机制、考核激励机制等全方位的人才队伍建设机制。我国不少高校有这些方面的制度搭建，但尚有不系统、不全面之处，使整个人才队伍建设机制的实效未得到更好发挥。这体现在：①人才选拔方面，很多高校辅导员队伍仍以本校本科生或研究生、留校老教师担任，很少面向社会广纳贤才。同时，在社会招聘时，专业准入多以政治学、文学、教育学专业为主，对法学、心理学、信息技术类专业招聘较少。这造成人才来源渠道单一、人才知识结构单一、年龄结构老化等问题。②在职业发展方面，许多高校对辅导员和一般行政人员的岗位职责规定不细致、工作定位区分不大。同时，对职业发展未做清晰规划，造成对辅导员等基层学生管理人员在思想认识上和实际工作中都存在“职业发展受限”“待遇低”“晋升难”的问题，影响了队伍的稳定性和发展性。③培训成长方面，不少高校的业务培训往往流于形式，内容零散不系统，缺乏实用性强的技能型培训；考核不严格，缺乏后期评价评估；外出交流学习机会少。④考核激励方面，制度设计重考核、轻激励，工作量化考核评价不合理。

如果说学生工作队伍专职素养有待提高是突出问题，那么不少高校的学生管理工作队伍建设机制不够健全则是深层次、根本性的问题。未来，创新学生管理工作机制必然要创新解决这些深层次问题。

四、管理体制问题

我国大学生管理体制上存在以下不足。

（一）管理层级多、管理效率低

正如前文所述，我国大学生管理机构的设置在纵向上采用校院（系）两级运行、四级机构协同的条块结构，管理模式上多采用“二元制”“多元制”管理模式，机构庞大、层级较多，呈现出一种金字塔特点。

这种管理结构虽然有分工细致、人力资源丰富的优势，但若管理权责划分不清晰，会带来一些更大的弊病。诸如：结构复杂和烦琐，信息传递易脱节、失真；审批层级多，耗时耗力；校院、院院、院班级之间的沟通协调易脱节、滞后，工作任务易相互推诿等问题。实践证明，许多高校在学工部门的职能划分上能做到权责清晰，但在学生管理和服务事项上的管理权限集中、统得过严的问题还是比较普遍，学生办事盖章、签字在多个部口之间“反复跑”的现象依然存在。

当前，我国高校现行的管理结构在短期内无法改变的情况下，探索管理事项分类清单、审批权限下放的路径是最为实际的改革路径。

（二）管理职能交叉、管理链条不闭环

当前，我国大学生管理体制采用条块结合、两级运行、逐级管理的架构，学生管理工作的实施层和操作层主要由院系学生工作办公室和辅导员队伍充实，同时要受到上级党委和学工部门（团委）的领导。现行管理体制下，辅导员队伍已承担了大量的学生管理事务，工作任务多、工作强度大。他们不仅要接受本学院系学工办公室（分团委）的工作任务安排，有时还会接受学校党委及学工部门（校团委）的任务安排。一些基层辅导员往往深陷烦杂的事务，很难集中精力将学生管理做细做精，鲜有时间学习提升自己，降低了职业的荣誉感和责任感。该现象的出现与有些高校内部管理职能交叉、运作欠妥有关，因此亟须理顺学生管理工作的层级关系和工作职能，以减少“条块分割”“多头管理”的问题。

在我国现行学工管理体制下，首先要理顺学生工作的层级关系和工作职能，坚持上级党委领导是首要原则，工作中应贯彻逐级传达、逐级命令的工作方式。其次，校级学工部门是院系的平行机构，对院系的学生工作是指导关系而不是领导关系，要清晰划分学校、院系学工部门的职责范围。例如，学籍管理、招生就业、校园突发事件处理、安全事故处理、学生生活服务等涉及学生生命健康安全和个人前途的重大事项交由校级学工管理部门统一管理，日常考核评价、思想政治教育、法治教育、心理健康辅导、奖助学评定、社会实践等事项由院系学工部门负责，赋予一定的自主权和财政权。创新创业、就业指导等事务可以由院系学工部门负责实施为主，校级学工部门监督指导为辅。班级党团建设直接由学院党支部、分团委负责，校党委及团委仅间接领导，不参与直接的工作布置。

除此之外，我国大学生管理链条还存在不闭环的问题。实际管理工作中还存在许多与学生生活学习密切相关的部门和社会化单位，如后勤集团、保卫处、计财处、党政办、食堂、医院、超市等。目前，食堂、医院、超市等生活服务单位已实现社会化管理，统一由学校后勤集团管理，解决了以往多头管理、竞争活力不足、服务质量不高的难题，这是一项明显的进步。但后勤集团、保卫处、计财处、党政办等部门具有典型的行政管理职能，也兼具学生服务职能，在学生服务事项方面，会因分管领导的不同和协调不够而影响工作效率和服务水平。[①]

① 高艳丽. 中美高校学生事务工作组织结构比较［J］. 中国高新技术企业，2008（19）：255.

未来，大学生管理体制改革必须充分考虑到学校行政管理部门的学生服务职能，将这些部门机构串联到学生管理链条中，能统一管理的则统一管理，不能统一管理的则应探索流程简化、一站通办的学生服务方式。

第三章　高校学生管理的创新路径

内容提要：我国正处于社会转型期，现代高等教育也面临着转型升级的重任。要创新大学生管理工作，需要从系统性、全面性考虑。作为一项系统工程，它要求高校及大学生管理工作者由内向外，从局部方法的创新到工作体制机制整体的变革完善。例如，在体制上改革并优化完善现行管理机构及职能，在机制上改变以往的组织体系和运行机制，在方法上充分运用现有科技手段和其他社会管理经验。

第一节　高校学生管理工作体制的改革

一、高校学生管理工作体制的改革意义

当前，我国各高校面对外部环境的冲击和内部问题的束缚，学生管理工作成效不佳，很难适应新时代高等教育的人才培养需要。为改变这一现状，我国有必要从体制层面改革目前的学生管理体制，否则这将会进一步影响学生管理工作成效乃至人才培养的质量。

（一）改革学生管理体制是学生管理工作面向社会主义市场经济的需要

随着社会主义市场经济体制的逐步建立，社会向学校提出了培养适应社会主义市场经济发展的人才的要求。面对这一全新的要求，学校管理体制必须实施适度改革，否则就不能完成时代赋予的使命。学生管理系统是学校管理的子系统，直接担负着培养人才的任务。因此，学生管理体制的改革势在必行。同时，社会主义市场经济的建立，也提出了学生的招生机制、指导就业机制以及教育管理机制的改革问题，这些已经摆到议事日程上的现实问题，是过去计划经济条件下所建立的学生管理体制难以解决的。

（二）改革学生管理体制是全面改善学校学生管理工作的需要

理论和实践告诉我们，管理的有效性主要取决于两个方面：一是该管理系统的内部及其各子系统之间的协调和畅通；二是各有关系统的决策、实施检测、反馈过程的及时和准确程度。学生管理工作系统作为学校管理系统的一个子系统，它除了自身必须有效运转以外，还应为教学系统、后勤系统以及学校决策层提供可靠的反馈信息，以促进各项管理工作效率的提高。因此，要改善学校管理工作，学生管理体制就需要实行改革。

（三）改革学生管理体制是学生管理现代化的需要

我国教育必须面向现代化，这既是说培养的人才必须适应现代化建设的需要，同时还指现时的教育手段、内容、思想必须逐步现代化。这对学生管理体制也提出了现代化的要求。如果管理体制不符合现代化的要求，就很难培养出符合现代化要求的建设者和接班人。同样，教育思想、内容、手段的现代化也对学生管理体制提出了改革的要求，这一改革包括学生管理体制怎样充实完善教育思想和教育内容，学生管理体制怎样保证教育措施的实施等。

二、高校学生管理工作体制的改革设想

根据《中华人民共和国高等教育法》，国家对高等学校内部管理体制有下述规定，即“国家举办的高等学校实行中国共产党高等学校基层委员会领导下的校长负责制”，鉴于过去的传统和现在的基础，本书对改革我国高校学生工

作管理体制的基本设想是“整体上的专门化”“系统内的多中心”和实行“以条为主、直接管理”的工作体制。

（一）整体上的专门化

这是针对学生工作的领导体制而言的，它以人们承认学生工作在学校教育工作中的专门和独立地位为前提，在学校领导分工中有专司学生工作的领导。这名校领导专门负责学生非学术性事务和课外活动而不再分管其他工作，即实现“专人专事，专事专人”。从现实的情况看，我国高校学生工作的主要职能部门是党政合一的，但在校级领导层次上，却是党政分立。调查发现，我国高校党委副书记领导学生工作是典型情况，多数高校还有一名副校长协助分管学生工作。鉴于我国高校学生工作日趋行政化的现实，学生工作应该由一名专职的党委副书记并兼副校长主管。

（二）系统内的多中心

这是就学生工作系统内部组织结构而言的，上文已指出，当前我国高校学生工作管理体制是“条块结合、纵横联合、两级运行”的体制，即以学生工作部（处）为专门机构，协调校内的团委、教务处、宣传部、总务处等部门开展工作。在学生工作实现“整体上专门化”的领导体制后，要将当前兼职部门分管的所有学生事务都划归到学生工作的管理系统，学生工作管理要包括招生、就业、课外活动、学生组织和社团、勤工助学和经济资助、校园文化活动和社会实践、思想品德教育、军训、奖惩、宿舍管理、学生工作干部队伍建设、健康服务和心理咨询等。

当前高校中与学生工作有关的管理职能要有所分化和整合，实现学生工作部（处）和相关部门的有机重组。根据工作需要重新组合，形成功能专一的新机构，建立直属学生工作的党委副书记兼副校长领导的多个中心和办公室，如招生注册中心（包括学籍管理）、学习指导中心（学风建设、学术咨询）、住宿生活指导中心（宿舍管理和宿舍生活）、行为指导中心（学生行为训练和纪律管理）、就业指导中心（职业生涯计划和安置）、心理咨询中心（心理教育和咨询服务）、健康服务中心（健康预防、医疗保险）、学生活动中心（文体活动、社会实践、社区服务、学生组织和社团）、勤工助学及经济资助中心、思想政治教育中心、党团工作中心、学生工作常务办公室（日常事务、入学教育）等。如果考虑管理幅度的限制，可将上述各中心依工作性质分成学生教育、学生服务、学生活动三类（基本对应我国当前高校学生工作部、学生工作处和团委的职责范围）分别设立。

（三）以条为主、直接管理

这种设想是高校学生工作管理由现在的校、院系两级的条块结合机制趋向于直接管理、以条为主的工作方式，参照了美国、日本等发达国家高校扁平化管理结构。主要依据有：一是目前学生工作条块结合的机制需要的学生工作干部队伍庞大。据调查，院（系）一级基层学生工作专职人员一般是 2～4 人，有的学校多到 5～6 人。二是随着学校规模的不断扩大，院（系）一级的基层组织逐渐增多，从而导致校级管理幅度太大，不利于指挥和领导。三是现行校级管理负责全校学生工作，院（系）一级学生工作按要求是在校一级领导下进行，但是院（系）一级专职人员的人事权却在院（系），这就形成学校管事不管人，从而影响工作的效率。相反，如果是实行直接管理，专职人员归口统一指挥，工作就容易统筹安排，学生工作管理人员的素质也会受到应有的重视。四是随着高校教学管理制度和培养模式的改革，现在意义上的学生工作在院（系）一级可能不会存在。如果将来实行完全的学分制，学生不再严格属于某一个院（系），高校将实施更大程度上的通识教育，一、二年级不分专业，这些学生也不严格属于某个院（系），院（系）一级的学生工作管理职能便会自行消亡。当然，这样说并不是否定和排斥院（系）一级行政组织参与学生成长和发展的教育管理工作。相反，在任何情况下，院（系）一级教师教书育人既是必要的又是可能的，但其出发点和落脚点应该主要在学生学术兴趣的培养、专业发展方向的指导和学习咨询等方面。组织形式可以由院（系）教学副院长（主任）牵头，组织教师组成导师组，然后根据不同学生的兴趣、专业和其他具体情况由学生自由挑选导师，导师实行定期辅导。

三、高校现行学生管理机构及职能的优化

随着高校扩招和高校后勤社会化的全面推行，国内高校都在探索创新学生管理模式。其中，重庆交通大学的学生管理机构设置及运行模式，效果较好，并且产生了一定的影响，受到有关部门的肯定。本书充分借鉴了重庆交通大学的成功经验，为高校大学生管理机构设置的优化完善提出如下设想。

（一）学生管理机构的组织优化

针对高校学生管理工作，管理机构设置可按照三大平台、两大系统来优化。

1. **教育平台**

教育平台的职能部门为学生工作办公室，主要是对学生的政治思想、行为规范、学生社区日常生活、心理健康教育与咨询等进行教育管理。学生工作办公室包括思想政治教研室，主要负责与学生日常行为结合较紧的思想政治课教学，使学生在当前的重大政治、经济等形势政策上与中央保持一致，其与政治理论课的区别在于，其教学内容主要涉及的是现实问题，较少涉及深层次的理论问题；思想教育管理科，主要负责对学生的思想政治表现进行教育与管理，并开展一些思想政治类教育的学生社区活动；学生管理科主要负责管理学生的日常行为规范；宿舍管理科主要职责为规范学生的寝室管理；各学生社区主要职责为各学生社区的管理；心理咨询室负责对学生开展心理咨询和心理健康教育。

2. **教学平台**

对学生实行教学管理，职能部门为教务处，它是负责全校的教学组织、管理、运行的职能部门，制定教学管理规章制度，负责教学行政事务，面向全校学生组织、实施和检查教学工作；处理学生的学籍问题，负责学生成绩管理；检查、维护教学秩序等。教务处下辖教学管理科、教学质量科、教材科等，负责学生学习的日常管理、实行奖惩并进行学风建设等。

3. **招生就业平台**

在市场经济条件下，面向人才市场培养人才，是关系到一所高校生存发展的大事。其职责部门为招生处和就业指导中心，下辖招生科、就业科等，负责全校的招生和毕业学生就业指导与管理。

4. **后勤保障系统**

后勤保障系统包括为学生生活服务的相关后勤保障部门，如保卫、膳食、卫生、宿舍管理等一系列部门。其职能是管理学生生活，主要职责有负责全校学生的日常行政事务管理、清洁卫生、膳食和生活福利工作；组织学生的公益活动和勤工助学活动，负责学生的卫生保健工作；组织实施并检查学生教室、宿舍的维修工作等。武装保卫处下辖保卫科、治安科等，其职责是保证学校的稳定，确保教学秩序有效运转，同时负责对新生进行军训和国防教育等。

5. **信息系统**

信息系统包括二级学院信息系统、教育平台信息系统、教学平台信息系统、招生就业平台信息系统和后勤保障信息系统等。三大平台、两大系统的工作在学校学生工作委员会的领导下进行管理工作。这一机构是由相关职能部门参与的综合协调机构，它向上对学校党委行政和主管学校学生工作的领导负责，对下则负有领导各职能部门和各二级学院，促使其正常运转的职责。

一般情况下，各机构可以直接指挥协调基层的学生管理工作，但牵涉全局或由多部门协同作战的工作需由学生工作委员会办公室牵头协调，以免对下产生“多头指挥”的现象。系级学生管理由系主管学生工作的领导与辅导员负责(或成立学生工作小组共同负责)，承担参谋职能的是学生工作秘书和团总支书记。辅导员负责上传下达，协调处理一些具体的管理事宜。班级管理由班主任或年级主任负责。

（二）学生管理机构的职能优化

学生管理机构的职能优化，是指合理地处理各管理机构之间的关系，使其更适合学生管理的性质和工作环境，从而提高管理效率。要实现学生管理机构的职能优化，主要应处理好以下几个关系。

1. **集权与分权的关系**

在学生管理中，职权的集中和分散是对立的统一，没有绝对的集中，也没有绝对的分散。如果职权过分集中，则不利于调动各级管理人员的积极性；如果职权过分分散，又不利于统一领导、统一指挥，更不利于用统一的标准来衡量各机构的工作质量，因而集权和分权只能是相对的。

一般情况下，学生工作的大政方针、总体规划以及协同作战的工作必须强调“大权独揽”，要讲“集权”而凡属各职能机构职责范围内的工作，以及不影响全局的一些局部性管理工作则要“放权”。权力下放以后，主管领导可以集中精力抓大事，搞宏观决策。分权必须注意提高各级学生管理干部的素质和工作效能，否则，放权就等于“放羊”。

2. **职能与参谋的关系**

我们所设计的这种管理机构组织结构属于“直线职能参谋制”，它要求所有的职能机构都肩负起职能部门、参谋部门的责任。在学生管理实践中，职能和参谋是相辅相成的，如果管理机构注意决策和指挥而忽视参谋职能，违背了原来的设定原则，不利于有效统一的管理；但如果仅仅发挥参谋作用，不参与决策、指挥，那这种参谋也是无力的。因此，正确的做法应是在充分发挥职能机构作用的基础上，努力发挥参谋和咨询作用。

3. **垂直系统与水平系统的关系**

这里既包含垂直系统与水平系统之间的关系，又包含水平系统内部的协调问题。水平系统与垂直系统之间的关系，这里是指学校机关各职能机构与系科一级管理机构的关系。要处理好这一关系主要在于机关各职能机构要树立为基层服务的思想，在服务的基础上进行协调指挥，这样才能发挥很好的作用。处理水平系统内部机构之间的关系，一是要充分明确各部门之间的职责范围，尽量避免互相扯皮、相互推诿的现象；二是通过学工部搞好协同，可以采取定期或不定期例会的办法来协调工作任务和有关方面的关系；三是完成某项突击性的工作任务，要明确各部门的工作职责和相互关系。

4. **责与权的关系**

处理责权关系的关键在于责权结合、责权对应，而不能责权分离、责权不符。也就是说，主管领导在明确有关职责的同时，必须赋予该部门同等的权力，做到责与权相一致。如果出现责大权小、责小权大，或责大无权、有权无责等现象，则会严重影响管理效率。

第二节　高校学生管理工作机制的创新

结合第二章第三节内容，我国高校学生管理工作机制主要涉及运行机制、保障机制、动力机制、评估机制几个方面。现行工作机制还存在运行协调不畅、保障力度较弱、动力激发不足等多问题，需进一步改进和创新，方能激发其应有的效果。

一、高校学生管理工作机制的创新意义

随着我国市场经济的建立、社会的发展以及高等教育改革的深入，高校的大学生管理又面临着难得的机遇和挑战。我国高校现行的学生管理工作机制在组织体系、运行机制、服务保障机制方面还存在诸多障碍和问题，创新学生管理工作机制的现实意义毋庸置疑。

（一）创新学生管理工作机制是适应经济社会快速发展的需要

随着市场经济的发展和高校扩招，高校学生管理正面临一系列的转变，如学生工作的部分管理职能正在向服务职能转变，大学生就业正在由计划分配向自主择业转变，固定学制正在向弹性学制转变，经济困难学生的资助由原来的发放助学金、困难补助向助学贷款和勤工助学转变等。这一系列转变使原来传统的学生管理理念、管理模式问题日益凸显，难以满足市场经济条件下高校发展的要求。而目前与之相适应的新的学生管理理念和模式尚未完全形成，这就为高校的学生管理带来了新的考验。

（二）创新学生管理工作机制是适应信息化时代发展的需要

在信息化迅速发展的今天，网络的发展和普及为高校学生管理提供了新的阵地和领域，提高了工作效率，为学生管理带来了难得的机遇。但同时网络也给学生管理带来新的问题。一是网络信息的快捷性、丰富性和开放性特点，使学生工作者在获取信息的渠道、时间、数量上与大学生相比不占明显优势；二是网络的虚拟性、隐蔽性使得网络成为有害信息的藏身地和传播地，使得大学生难以判别和抵御，有的上当受骗，还有的沉溺于网上虚拟世界不能自拔，这就为高校的学生管理带来了新的挑战。

（三）创新学生管理工作机制是高等教育发展现代化的需要

高等教育的全球化给学生管理提出了更高的要求。在这种情况下，高校学生管理必然要与世界先进高校学生管理接轨，用新的管理理念、管理体制、管理模式来适应时代发展的要求。如何保持主流意识形态的影响，树立健康正确的文化心态，都给高校学生管理工作提出了更高的要求。同时，教学体制改革使学生管理面临新的变革。目前，全国各高校普遍实施了学分制。在学分制下，学生管理打破了学年制整齐划一的教学管理模式，学生管理工作不仅局限于本专业学生，而且还要管理由选修课程形成的其他专业或其他学校的学生。同时，学生管理除了对学生进行教学和思想生活管理外，还需要帮助学生构造合理的学科知识结构，指导学生由定向学习变为自主选择性学习。因此，学生管理必须实现由学年制下的指令性管理向学分制下的指导性管理转变。

（四）创新学生管理工作机制是适应当代大学生个性特征的需要

当代大学生多为独生子女，对生活的体验和感受不同于以往的大学生，他们时代感强，责任意识较弱；自我认同感强，实践能力较弱；参与意识强，辨别能力较弱；主体意识强，团队意识较弱；个性特点强，承受能力较弱。这些特点使学生管理面临着前所未有的挑战：大学生全新的行为方式和理念与传统的学生管理体制必将产生冲突，如不及时解决会使工作陷入被动。

（五）创新学生管理工作机制是解决高校学生管理工作现存问题的需要

当前，我国正处于社会转型期，各高校发展存在不平衡不充分的问题。特别是中西部高校，学生管理工作理念落后、管理模式传统、管理队伍薄弱的问题依然存在。创新大学生管理工作机制可在一定程度上弥补各高校先天发展局限，解决现存问题给学生管理工作带来的负面效应。

二、高校学生管理工作机制的创新设想

针对我国高校大学生管理体系的创新路径，本书主要从组织体系的创新和运行机制的创新两方面加以构想。

（一）组织体系的创新

组织体系创新要突出机构建设和队伍建设两个重点。

1. 配备齐全、工作得力的学生工作机构是大学生管理工作必需的组织基础

一直以来，各高校甚至各院系的学生工作机构采取了不同的设置模式，大体可以分为党委学生工作委员会、学生工作部（学生处）、学生工作办公室等几种。

无论哪种机构模式，都必须满足思想政治教育的需要，应达到一些基本的标准和条件。第一，必须具有明确的组织分工，成为院系实施人才培养计划和执行党政相关决议的专门机构；第二，为体现学生工作的重要地位，应安排独立行使职责的院系级领导（一般为党委副书记）担任机构的负责人；第三，应安排专门从事学生工作的人员和相对独立、固定、经常的工作场所；第四，能够整合院系的内设部门工作力量，与教务、行政等系统有效合作；第五，能够有效领导和协调各工作人员、基层学生组织顺利开展工作。

因此，在高等教育大众化阶段，高校学生规模快速增长，实施层级管理，

健全和完善校、院（系）两级管理，以院（系）为主体的管理体制，成了众多高校的必然选择。首先，成立以主管校领导为首的大学生管理工作领导小组，负责对学生管理工作的决策和统筹部署；其次，设立学生工作部（学生处）作为学生工作的职能部门，负责牵头落实领导小组的各种决议、决定，协调教务、行政等部门对学生进行共同管理和指导、督促二级院系学生管理工作；再次，设立学生工作办公室（各二级院系），负责协调本部门各年级、班级学生事务管理（通过辅导员），将学校的各种精神、政策和决议传达到学生中去。可见，新的大学生管理工作组织体系应由管理者、教师（辅导员）、学生和各管理机构组成，包括党团组织、学生会、班委会、学生管理部门、学生申诉部门等。

2. **以辅导员为重点的学生工作队伍的建设是大学生管理工作必需的组织保障**

大学生管理工作需要配备足够数量的具有较高水平的班主任、辅导员以及具有较强责任感的学生导师。相比而言，当前问题最突出的是辅导员队伍建设。我们必须认识到，我国高校思想政治教育的特殊要求、绝大多数学生住在校园之内的状况以及基础教育阶段学生独立生活能力培养不足的现实，都决定了高校还必须在一定时期内坚持设置辅导员的做法。从全国范围看，由于历史的原因和各校的不同特点，辅导员队伍建设状况目前差别很大。就客观工作效果而言，辅导员队伍建设得怎么样，同该单位学生工作的效果直接相关。凡是辅导员作用发挥得好的学校，其学生工作的效果也就好。

辅导员队伍建设中应逐步完善以下几个方面的工作：一是进一步提高对辅导员工作的认识，要站在构建和完善育人体系的高度认识辅导员的地位和作用，把抓辅导员工作同抓专业教师工作一样对待；二是明确辅导员的工作职责，特别是必须明确辅导员与班主任、导师、学生工作机构的关系，这是理顺工作机制、确保各工作环节有效运转的前提；三是对辅导员进行专业培训，使辅导员的工作满足现实需要、符合管理规范并能够体现现代学生工作的理念及方法；四是科学建立辅导员队伍的考评机制，制定有利的发展政策，使从事辅导员工作的同志有事业心和光荣感，使这支队伍留得住、用得好；五是将专职负责学生工作的院系党委副书记和团委书记从事务性工作中“解放”出来，从而更好地做好辅导员的工作。

（二）运行机制的创新

1. 建立校、院两级管理、以院为主、以社区（宿舍）为阵地、以学生社团组织为载体、以学区为基层组织的学生教育管理运行体制

随着学分制教育模式和弹性学制的实行，以及高校后勤社会化改革的不断深入，学生公寓将成为育人的重要阵地，形成以区、楼、层、室为单位的学生宿舍区新载体和平台。在这种情况下，实行教育、管理、服务为一体的工作机制成为重组学生基层组织的突破口。因此，我们认为，高校应成立学生生活园区或社区学生工作委员会，对入住生活园区的学生按单元或楼层组建学区，在学区中建立党团组织，学生辅导员按学区、学院配备，从而使学区成为成员相对稳定、组织相对健全、学生工作人员配备到位、具备履行行政管理及思想教育职能的学生工作基层组织，使生活园区成为学生思想教育的载体、日常管理的切入点和社团活动的基地，以此提高学生生活园区的育人功能，从而构建校、院两级管理、以院为主、以社区为阵地、以学区为基层组织的学生管理工作运行机制。

学生处按照学校制订的思想教育计划，组织各社区实施学生思想教育工作，与分团委、团总支等配合开展校园文化、心理健康教育、学风建设、道德建设等活动，与有关部门或学院配合开展思想品德实践教育和心理咨询。建立社区或学区或某一模块的区域管理模式，有其较多如下优点：

第一，权责明确、运作畅通，学生教育管理明显加强。实行模块（或者叫平台、区域）管理，建立了比较完整且相对独立的学生工作机制，比较彻底地解决了在学生教育管理过程中出现的“多层皮”或者“找不到抓手”的问题。在以往的学生管理体制下，学生工作隶属于院系，但由于各院系担任繁重的教学科研工作，主要领导很难顾及学生工作。实行模块或社区管理方式后，学生工作系统目标明确，任务明确，责任明确，管理路径直接。学生工作干部相对集中配备，专心致志从事学生工作，从而有力地加强了学生的教育与管理，较大幅度地提高了学生工作的实效性。

第二，建章立制、强化管理，突出和完善服务，不断提高学生教育管理工作的层次和水平。学生模块或社区管理从制定规范的、合理的、操作性强的健全制度入手，按照规范化、系统化、科学化的要求，根据模块或社区管理的形式、特点，收集、整理、修订规章制度，向学生公布。由于模块或社区具有共同性的特点，因此可以统一规范、统一要求。

2. **实行班主任制和导师制相结合的引导机制**

从个体来讲，当代大学生独立性和自主性的特点体现得越来越突出，在这种情况下，作为高校的学生管理工作，就必须有足够的管理人员，采取定额、定人管理教育和服务。这样做，在对学生的了解程度上以及如何对一名学生开展工作和工作的实效性方面有重要作用。即在大学低年级仍实行班主任（或年级主任或辅导员）负责制，并配备一定数量、由学生党员干部担任的助理班主任；在大学高年级设立导师制，由导师负责学生选课、专业学习、科研能力、就业等方面的指导。每个导师负责带 5～10 名学生，也可由几名导师组成一个小组共同指导相应数量的学生。

3. **构建畅通的沟通回应机制**

学生工作管理中一个重要的环节是对管理过程中落实的情况和结果信息的正确有效反馈。

大学生管理中建立有效的沟通回应机制是依法治校条件下尊重和满足学生权利的需要，是现代大学决策科学化、民主化的重要保障手段。收听不同的声音，及时化解和处理实施中的冲突，实现双向互动，必须健全和完善沟通和回应机制。在具体的改进方法上，既要继续发扬传统形式中的标语、公告栏、校园广播的作用，同时又要做好学生信息全校学生分级化共享管理平台，探索校园移动通信的短信群发功能，校园设立学生公用信息查询系统，建立办公及申报审批的程序制、重大事件的公示制、事务管理中的承诺制和责任制，加强学生工作及全校部门信息的一体化建设，构建畅通的沟通回应机制。

三、高校现行学生管理工作机制的完善

要提升高校大学生管理工作的实效，对工作机制进行整体性创新改造是一种路径，而对现行工作机制的查漏补缺则是当下另一种可行的、低成本的完善之策。结合我国大学生管理工作的实际运行情况，本书从运行机制层面对当前大学生管理工作的不足提出如下完善建议。

（一）搭建学生自我管理平台，增强学生管理工作的渗透力

21 世纪是一个知识和信息高速发展的时代，只有具有开拓创新和独立自主素质的人才，才能在竞争中立于不败之地。要培养出具有开拓创新和独立自主素质的人才，就必须重视培养学生的主体性。要在学生管理工作中，通过开

展学生自我管理活动，增强学生的主体意识和主体自我控制能力，培养和提高学生在教育活动中的能动性、自主性和创造性，使他们具有自我教育、自我管理和自我完善的能力，从而成为教育活动的主体和自我发展的主体。

1. 构建以学生会、社团为主体的自我管理模式

以校学生会为龙头，学生干部为中坚力量，组建各院系学生会、各个部门多职能的自我管理模式。学生会是学生自我管理的最高组织，学生会干部是学生进行自我管理的主体。在学生管理体系的建设中我们可以增加一些部门，赋予一些部门新的工作内涵，扩大学生的覆盖面，使其深入学生日常的各项自我管理中。以校级骨干社团为“旗舰”，构建院系分会、年级分会多层次多门类的社团“航母”编队自我管理模式。有目的、有计划地建设一批以理论学习型社团为龙头，以科技创新型、文化艺术型、社会公益型社团为主体的校级骨干社团，并以这些校级社团为“旗舰”，通过建立学院分会、年级分会，形成门类齐全、种类多样的学生社团“航母”编队，让所有学生根据自己的兴趣爱好、个性目标、发展需要参加到社团中来，进行知识学习、研究创新、人际交流、自我激励。

2. 构建以学生社区为主体的自我管理模式

在学校大学生社区自我管理委员会的基础上，形成寝室、楼层、公寓、社区、党支部、服务队多位一体的社区自我管理模式。每个学生寝室设寝室长，每层楼设层长，每幢楼设楼长，每个社区设区长，与公寓学生社区党支部设置相结合，组建直接面向公寓开展活动的学生社团组织——特色服务队。在公寓区逐步建立各类文化、咨询、服务机构，以开展卫生和文化为基础、咨询和辅导为重点，开展“和谐楼栋”“和谐之家”“百优寝室”创建活动，面向学生提供生活、心理、卫生、学习等各类服务，把思想政治工作与帮助学生排忧解难结合起来，开展以公寓为基地的自我管理活动。

3. 构建以党团组织为主体的自我管理模式

以班级、学生宿舍和网络为阵地，以党支部、团支部为学生基层组织，实行校、院系、级队三级管理的运行模式。通过塑造点（个体）、线（基层党、团支部）、面（整体）的形象并进行整合，贴近学生、贴近实际、贴近生活。开展党员形象工程，在师生中叫响“树一面旗帜、建一个阵地、办一些实事、献一片爱心、带一批同学”的口号。建立学生社区党支部、网络党支部，把为学生服务从课堂内拓展到学生生活的社区和网络中。依托党团组织，以党建带团建，充分发挥学生党员的模范带头和辐射作用，利用主题党日、团日活动的组织形式，开展学生正确的世界观、人生观、价值观教育。

4. **构建以网络虚拟社区为主体的自我管理模式**

以学校BBS、易班平台、各院系网站、特色网站为平台，构建大学生网络虚拟社区自我管理模式。把BBS、易班和各种网站作为先进文化传播的重要网络教育载体，通过学生自行开发、自我管理以及自我教育，提高网络思想政治教育的针对性和有效性。建立心理咨询网站、理论学习网站、职业生涯规划网站等，成立网络文明协会，网络信息协会，制定《虚拟社区管理条例》，建立例会制度、培训制度、奖惩制度等，充分调动学生干部、协会成员和网管的积极性，发挥引领作用，培养大学生创新和实践能力，增强大学生的参与意识。提倡文明网络道德，弘扬主旋律，架起学生与学生、学生与教师、教师与教师、学校与社会的沟通桥梁，发挥主体作用，完善自我管理网络体系。

（二）搭建学生法治保障平台，构建和谐的育人环境

高校要转变观念，树立法治精神和维权意识，真正做到依法治校，注意尊重和保护学生权利。

1. **加强大学生的法律意识教育**

这不仅仅是为了提高大学生遵守校规校纪的自觉意识，方便学生工作者对大学生在校期间的管理，其更深远的意义在于大学生法律意识的增强，有利于他们在校期间对高校依法办学的监督，从而推动高校依法办学的进程，为大学生打下牢固的法律基础，养成良好的学法、守法和执法习惯，为他们毕业后步入社会发挥引导和示范作用，推进整个社会法治化建设进程创造条件。高校学生管理工作者必须学法、懂法，重视强化自身的法治观念，增强法律意识。不论日常的教育、管理和服务，还是处理学生违纪问题，都依法行政、依法育人，真正把教育、管理学生与维护学生的正当权益结合起来，既严格教育、管理学生，又尊重和平等地对待学生，依法保护学生的合法权益。尊重和维护学生权利，对高校学生管理行为进行必要的限制。

2. **依法修订完善有关学生管理的规章制度**

高等学校在修订完善学生管理规章制度时，应当以法律法规为基础和主要依据，同时也兼顾到大学生作为国家公民应当享有宪法赋予的其他权利。在修订完善已有的规章和条例时，既继承和巩固过去行之有效的优良传统，保持有关学生管理规章制度具有相对连续性、稳定性和一致性，也要为今后的发展创造良好的法律环境，充分保护高校、学生的合法权益，真正体现法律的权威性。此外，国家的有关法律法规大多数是原则性条款，需要校方在执行中细化，而细化的原则既要考虑高校管理学生的需要，又要不违反国家法律赋予公

民的权利。因此，学校在细化的过程中不能超越法律法规的授权范围而“随心所欲”，随意剥夺学生依法享有的权利或人为增加学生应履行的义务。同时各项规章制度的出台应遵循一定的民主程序，广泛吸纳各方面的代表参与讨论，通过一定阶段的试运行再行完善修改，进而正式施行并告知全体学生（如公告、写入学生手册等）。

3. **规范学生违纪处理程序**

对违纪学生的处理不仅要实体上合法，而且要程序合法，使惩戒权的行使遵循符合法治精神的规范步骤和方式，避免工作运行中的无序性、随意性和偶然性。

（1）处分前程序：应加大宣传力度，使学生熟知有关规章制度，真正使遵纪守法的观念深入人心。

（2）处分中程序：学校在对违纪学生做出处分决定之前，应通过口头或书面的形式告知学生对其的“指控”事实，听取学生的陈述、申辩和质疑。申辩的内容是提出自己无违纪行为或行为未达到违规的程度，或应当减轻处分的理由。质疑是指对相关规范引用的合法合理性和证据的真实性提出疑问。无论申辩或质疑，都应保留书面记录。处分决定以学校名义出具文本，内容包括违纪事实、处分依据和处分决定，并送达被处分学生，同时告知被处分学生申诉的权利和时效，并请被处分学生签收以作为送达的证据。如果没有实际送达并告知处理决定，则处分视为无效。

（3）处分后救济：学校成立由学校负责人、教师代表和学生代表组成的学生申诉处理委员会，专门受理学生对处理处分决定不服而提出的申诉，并制定学生申诉处理办法。学生申诉处理委员会要认真对待学生提出的申诉，在规定期限内做出复议，并将结果告知被处分学生；如果要改变原处理决定，须提请学校重新研究；受处分学生如果对复议结果不服，可以向学校的上级主管行政机关提起申诉。

（三）搭建文化育人平台，建设和谐高雅的校园文化

高等学校校园文化是社会主义文化的重要体现。加强校园文化建设对于推进高等教育改革发展、加强和改进大学生思想政治教育、全面提高大学生综合素质，具有十分重要的意义。在文化多元化的社会背景下，我们既要承认和尊重文化的多元化，又要在不断融合的文化中寻找契合点，建设和谐高雅的校园文化，进一步优化学生管理工作的氛围。

1. **打造文化精品，创建校园名牌**

一是深入开展校风建设。在充分挖掘学校历史传统宝贵资源的基础上，结合学校发展战略和规划，根据学校办学思想和理念，大力营造崇尚科学、严谨求实、善于创造、具有时代特征和学校特色的良好校园风气。扎实开展师德教育，制定完善师德规范，严格师德管理，加强教师思想品德和学术道德教育，宣传师德建设先进典型，积极建设志存高远、爱国敬业，为人师表、教书育人，严谨笃学、与时俱进的优良教风。制定完善大学生行为规范，严格管理特别是严格考试纪律管理，营造良好的学习氛围，努力形成勤于学习、奋发向上、诚实守信、敢于创新的良好学风。通过校风建设，在校园树立热爱祖国、决心为建设中国特色社会主义贡献自己全部力量的共同理想和坚定信念，培育自强不息、不怕任何艰难险阻、勇往直前的共同意志和奋斗精神，形成与时俱进、昂扬向上、勇于创新的共同追求和开拓意识。二是大力加强人文素质和科学精神教育。继续实施“大学生全面素质教育工程”，把人文素质和科学精神教育融入高等学校人才培养的全过程，落实到教育教学的各环节。

2. **鲜明主题活动，鼓励科技创新**

一是精心设计和组织开展内容丰富、形式新颖、吸引力强的思想政治、学术科技、文娱体育等校园文化活动，把德育、智育、体育、美育渗透到校园文化活动之中，使大学生在活动参与中受到潜移默化的影响，思想感情得到熏陶，精神生活得到充实，道德境界得到升华。充分利用五四青年节、七一建党纪念日、十一国庆节、“一二·九”运动纪念日等重大节庆日和纪念日，开展主题教育，唱响爱国主义、集体主义、社会主义主旋律，让大学生在建设营造高品位的文化氛围中主动思考、理解、感悟，升华人格，完善自我。二是重视学生创新精神和创业能力的培养。全面实施“大学生素质拓展计划”，办好大学生科技文化节、大学生“挑战杯”、大学生艺术节、大学生运动会，深入开展大学生社会实践活动，设立大学生科技创新奖励基金，选择有发展潜力和应用前景的项目进行立项，在资金支持、项目指导、成果评选等方面予以重点扶持。

3. **加强基本设施，提供坚实保障**

一是重视校园人文环境建设。确定校训、校歌、校徽、校标，提倡大学生牢记校训、学唱校歌、佩戴校徽、使用校标，激励大学生热爱学校、刻苦学习。发挥优秀校友在校园文化建设中的独特作用，采取请进来、走出去的方式，用优秀校友的人生经历和感悟、创业历程和成就，激励大学生立志成才，报效祖国。精心设计、认真组织好开学典礼、毕业典礼、奖学金颁发仪式等具有特殊教育意义的活动，倡导学校领导为每一位毕业生或毕业生代表颁发毕业证书和学位证书，激励大学生勤奋向上、求实创新。二是重视校内文化设施建设。按照有关规定，建设、设计好教学场所、图书馆，完善教学设施，优化学习环境，不断满足大学生学习成才的需要。规划、建设好大学生文艺、体育、科技活动场所，完善校园文化活动设施，为开展校园文化活动提供必要的场地和条件。加强校报、校刊、校内广播电视、校园网、学校出版社、宣传橱窗等的建设，发挥宣传舆论阵地在校园文化建设中的更大作用。三是重视校园治安综合治理工作。进一步建立健全责任制，加强高等学校内部安全管理和安全保卫工作，及时处理侵害大学生合法权益、身心健康的事件和影响学校、社会稳定的事端。积极配合公安、司法、文化、工商等部门对学校周边的文化、娱乐、商业经营活动开展专项整治工作，维护学校正常的教学、工作、生活秩序。

（四）搭建困难学生资助平台，让阳光铺满成长路

“奖、贷、勤、补、减、免”是大学生经费管理中的重要内容。随着近年贷款比例的增加，相当数量的家庭经济困难学生通过贷款解决了个人的学费和生活费问题，学校增设的勤工助学岗位又帮助他们解决了生活费用的不足。近年随着国家对教育投资的增加，学生奖学金提高比例增速很快。以 2007 年为例，国家对高校投入了 180 多亿元的国家奖学金和助学金，加上部分学校有企业设立的社会奖学金和校内的奖学金，在校 40％的学生可以通过自己的努力得到奖励，形成了对学生较大的资助和补充力量。大量学习优秀的学生得到了激励，贫困家庭学生得到了国家的资助，确保了不让每个同学因为家庭贫困而输在起跑线上。学生的参与意识、竞争意识、自强意识和求学意识都得到了加强。但是如何将有关经费科学、合理地奖励和资助到学生身上，最大限度地发挥其激励作用，体现了一个大学的管理思想和水平。

1. 完善贫困生助学体制

从实际需要出发，采取有效措施，不断完善资助体系，从物质上解决贫困生的基本生活问题。这也是解决贫困生心理问题的基础和前提。高校要不断完善“奖、贷、助、补、减、免、缓”等助困制度和措施，在竞争机制的框架下进一步扩大对贫困生的奖学金覆盖面，加大奖学金力度；探索设立专门用于奖励优秀贫困生的奖学金，使其通过勤奋学习获取除国家、市政府资助外较高额度的奖学金。积极争取社会多方面的支持，建立各种“爱心基金”，设立多种专项奖助学基金和建立定向委培制度。在充分发挥政府和学校主渠道作用的同

时，动员社会团体和个人捐款资助贫困生，开展对贫困生的“一帮一”活动。积极推行学分制、学历浮动制，减轻贫困生的学业负担，允许一部分优秀学生提前毕业。动员社会各界力量，提供更多的勤工助学岗位。

2. **加强贫困生的思想政治教育**

从培养社会主义的建设者和接班人的高度，重视贫困大学生的思想政治教育。充分发挥基层党、团组织和学生社团、辅导员、班主任、任课老师、学生干部等的作用，结合当前贫困生的思想实际，认真分析其价值取向、思维方式和心理性格特征，以及由此带来的种种不同行为表现，通过专题讲座、个别谈话、座谈讨论、典型案例教育、演讲辩论赛、主题活动、班级社团活动、家访等切实有效的措施，帮助、引导贫困生树立正确的世界观、人生观、价值观。以理想信念教育为核心，加强爱国主义、集体主义、社会主义教育，教育他们虽身处逆境，但要树立远大理想和人生目标，引导他们以积极进取、乐观向上的态度去对待人生，勇敢地面对挑战。加强艰苦奋斗的优良传统教育，引导他们正确消费，倡导勤俭节约的良好风气，自觉抵制拜金主义的影响。加强赏识教育，通过树立和宣传逆境成才的典型来激励贫困生，帮助其树立信心。加强责任意识教育，激发他们的热情和勇气，学好本领，坚定报效祖国的信心和决心。加强自立自强教育，转变贫困生思想观念，克服依赖心理和不劳而获的思想，鼓励贫困生积极走向社会、积极参加勤工助学活动，参与实践，自主创业，运用自己的知识和能力，走自食其力的道路。加强战胜挫折教育，引导他们与挫折抗争，培养耐挫折能力。帮助贫困生学会自我接纳，接纳现实、接纳自己，以平常的心态面对贫困，采取积极的办法解决生活中的困难。

第三节　高校学生管理工作方法的创新

当前，为提升大学生事务管理的实效，各高校不断将科技手段、社会管理方法以及域外高校的有益经验融入自身管理体系，探索出不同的创新形式。这既有管理手段、管理模式的创新，也有管理制度的创新。但所谓管理模式的创新实际上都是管理手段或管理方法的创新，是诸多学者混用“管理模式”的结果。管理模式是一个涉及管理队伍、管理内容、管理机构、管理行为以及管理方法等共同组成的体系结构，绝不是某种管理方法的变化就能声称“管理模式”创新的。同时，纵观世界各高等院校的大学生管理模式，都离不开前文所述的三种模式范畴，很难从模式上进行根本性变革的。因此，本节将简要介绍我国高校当前在管理手段和方法的创新情况。

根据中国互联网络信息中心（CNNIC）2018 年 8 月发布的《第 42 次中国互联网络发展状况统计报告》，我国互联网的普及率达 57.7%，手机网民规模稳步增长。大学生网民的概率更高，几乎所有大学生都会使用互联网上网，在网上学习、交友和购物，网络已经成为大学生的一种生活方式。随着互联网的快速普及，利用网络、移动通信平台和大数据分析方法进行创新是当下各高校大学生管理工作创新的主流形式。这些管理工具的出现丰富了高校管理手段，提高了管理的及时性、针对性和有效性。

一、“互联网+”管理法

“互联网+”管理法，也可称为“信息化管理”，是一种依托互联网，将各类移动通信平台、门户网站、短视频平台等媒介工具与大学生管理工作结合，利用其贴近生活、快速便捷的特性开展工作的方式，如 QQ、微信、微博、抖音、微信公众号等。常见的管理方法：①建学生班级、公寓微信群，及时收集学生信息和需求，点对点地解决学生问题；②开通党建微信公众号、各类学习网站，打破时空限制，开展线上课程教育、法治教育、思想政治教育和校园文化宣传；③打造线上学生事务管理平台，学生可在网上提交办事需求，在指尖上完成“一站通办”等。当然，管理手段与互联网结合方式还有很多而不胜枚举，但其核心理念就是充分运用网络信息化手段，改变落后的传统管理方法。

虽然“互联网+”管理法已得到广泛运用，但其运用的层次还普遍较低，未来可在原基础之上考虑将学生、教师、管理事务等要素充分链接起来。

（1）打造“四位一体”的学生工作管理队伍，充分调动多方资源。各高校可尝试利用微媒体平台的便捷、快速、易互交的特性，建立辅导员、教师、学生干部和家长“四位一体”的学生工作管理队伍，辅导员、教师、学生干部、家长不仅要在学生工作管理中发挥好各自的作用，相互之间还要加强配合、加强交流、优势互补、协调一致，从而实现“1+1+1+1>4”的效果。

（2）激发学生“意见领袖”的积极引导作用。学生中的“意见领袖”发挥的作用具有两面性。一方面，如果他们在微媒体平台上发布的信息是正能量的、与浏览学生的互动是友好的、对校内事件和热门观点的探讨是积极的，就能引导舆论朝着积极的方向发展，且有利于事情的妥善解决；另一方面，如果他们发布的信息负能量爆棚或是对学校稍有不满就煽风点火引起校园风波，这种消极的舆论导向就给事情的解决造成更大的障碍。高校可尝试培养一批“意见领袖”，并加强对他们的培养和引导，充分发挥他们的积极引导作用。通过他们在学生中解释、宣传、展开工作，成为学生工作管理的重要力量，以便更好地为学生服务。例如在全国两会期间，学生“意见领袖”可以通过微博、微信等平台转发两会期间的热点话题，引导同学们共同关注时事政治，提高同学们热爱祖国、参与社会的积极性。

（3）搭建多元微媒体台。注册学校的官方微博、微信公众号等平台，构建家庭、学校、企业、社会互相关联的平台，并经常更新动态，保持与外界之间的信息交换。建立各院系、部门的微博、微信等微媒体平台，通过双向互动，倾听学生的意见和建议，不断改进学生工作管理的服务质量。在媒体平台中分设教育模块、学生管理模块、学生服务模块等模块。在教育模块中设计党团教育、理想信念教育、法制教育、心理健康、安全教育、主题教育等栏目。在学生管理模块中设计校纪校规、奖惩通报、学生动态、档案管理、事务管理等栏目。在学生服务模块中设计文件通知、学习园地、就业创业、主题活动、校园生活、课表成绩查询、奖助困补贷、虚拟社区、联系我们等栏目。每个栏目下还可以添加子栏目，如事务管理下开设宿舍管理、勤工助学、请假申请等栏目。

二、大数据管理法

大数据管理，也可称为“数字化管理”，是一种在通过分析移动互联网、云计算、物联网、人工智能等技术应用所产生的海量数据，来进行监测、预警和决策的管理方法。这种方法在技术上离不开数据采集和存储、数据挖掘、数据可视化等关键技术，具有从海量复杂的数据中寻找相互间的有意义关联、分析和挖掘事物变化规律、准确预测事物发展趋势的能力。[①] 简而言之，它通过人的行为数据，让数据开口说话。这种方法在网络购物和国家安全管理方面已得到充分运用，并得到良好检验。例如在疫情防控期间，通过人的出行、消费

① 杨现民，唐斯斯，李冀红．发展教育大数据：内涵、价值和挑战［J］．现代远程教育研究，2016（1）：50－61．

记录数据来分析其活动轨迹，从而进行精准预判；在交通拥堵地段，通过分析网络摄像头记录车辆数量，进而分析车流量大小，科学预判交通拥堵情况并进行预警、分流。

这种技术的优势在于可以预测事务变化规律，从而进行预警应对和精准话管控。它同样可以适用于高校大学生管理工作，已有高校开始尝试将大数据管理法运用到学生档案管理、思想政治教育精准管理、校园安全预警管理工作中。该管理法的运用通常经历三个步骤实施：①搭建大数据服务平台，分模块收集数据信息；②搭建数据分析算法平台，由专业人才进行数据分析；③通过数据分析结果筛选、查找定向问题，从而向学校有关管理部门预警。随着国家《教育信息化“十三五”规划》《教育信息化 2.0 行动》文件的颁布，高校大数据平台建设步入正轨。目前，部分高校已建设起大数据服务平台和数据分析平台，如北京大学、电子科技大学、中南大学、华东师范大学。其中，北京大学开设网上学生服务中心，将业务内容覆盖学生、人事、科研、办公、财务、资产设备、后勤服务、校园秩序等 8 个领域，服务北京大学 29 个职能部门和 46 个院系，累计产生收集业务数据 1.5 亿余条。

值得一提的是，电子科技大学在 2016 年就开始打造云储蓄平台、云计算平台和师生画像系统，并开始做大数据分析事项，从学生与教师两个方面，在教学层面、科研层面以及管理层面做大数据分析。例如，通过利用大数据对学生画像，挖掘隐形贫困生、预知突发事件、预警成绩测试、预测毕业趋向、干预心理危机。该画像系统在挖掘隐形贫困生方面大数据发挥了巨大的作用，在充分尊重学生的同时能够给予其实质性帮助。对教师画像，记录教师的教学效果、科研效果以及成长轨迹，注重高校教师的培养与管理。

这些高校的技术搭建和运用已走在前列，其他高校可以学习借鉴。在大学生管理中运用大数据技术，其结合形式是丰富多样的，未来的发展还在进一步探索过程中。

三、网格化管理法

作为一种社区治理方式，网格化管理法最早应用在社区管理。近年来，各高校学校开始将网格化管理方法运用到大学生管理工作中。所谓网格化管理，是指按一定的评定标准将管理对象划分为规模一致的若干网格小单元，建立起各小单元间的信息协调机制，同时利用先进的现代信息技术使各小单元高效地沟通交流，进行组织内资源全面共享，从而达到整合资源、高效管理的现代化管理理念。[①] 高校管理本质上属于社会管理的子系统，网格化管理法是社会管理方法在高校大学生管理中的借鉴运用。该方法能克服一对多管理过程中信息沟通不畅、管理链条耦合度不高、发现问题不及时的矛盾，能预测并及时、准确发现问题，集约化调配资源，充分调动管理对象的参与性。

该方法已广泛推广至学生公寓管理中，常将学生公寓划分为诸多社区，社区之下划分片区，由院系分管领导或辅导员为总负责人，以片区网格员、社区网格员为所在区域负责人，在学生公寓内部划分楼栋楼长、楼层层长、寝室室长。网格员通常由基层教职工、学生会干部、社团干部、党员、班干部、宿舍长等成员担任。以学生公寓楼为网格基本单位，室长、层长、楼长负责学生信息数据的收集工作，及时发现问题并向上级管理人员上报。片区或社区网格员作为负责区域的核心管理者，汇总各楼长所收集的学生信息及动态情况，对汇总信息进行有效的分类，及时处理简单的问题和矛盾并再向上一级网格负责人上报，同时帮助楼长、层长、室长做好公寓管理。以网格员为主体对网格管理工作进行协调、督促和指导，并以互相监督、亲自造访、快速处理等方式推动高校网格化管理。同时，将发现的隐患和矛盾划分为不同等级，制定相应的应急处突原则和办法。目前，许多高校也开始逐步探索如何将网格管理法与思想政治教育、学生党团建设等领域融合起来，未来还会有很多创新形式。

当然，也有高校将社会工作的理念和方法融入大学生管理工作，改变传统管理方法大水漫灌，缺乏针对性、有效性的问题。该方法要求大学生管理工作者根据大学生的生理和心理状态、兴趣倾向、特长爱好、家庭背景以及智力等的实际情况，予以个别或集体的辅导，有针对性地启发其个别的才能与志趣，使其最大限度地发展。同时，许多高校在此方法的基础上逐渐延伸出社区管理、案例研究、小组社区工作等方法。

以上方法是当前高校学生管理创新的主流趋势，但不仅限于以上方法。相信未来大学生管理实践的不断深入和科技的不断发展，将促使更多创新方法不断涌现。

---

① 乔冬敏．独立学院学生安全网格化管理应用研究［D］．南昌：南昌大学，2018.

第四章　高校辅导员工作的概述

内容提要：高校辅导员制度起源于我国新民主主义革命时期高等教育实践，可追溯到新中国成立以前我党在军政干部院校实行的“政治指导员”制度。该制度的确立和发展，逐步明确了高校辅导员的角色定位、职责要求。新时代，我国高校辅导员的选拔、培训、工作内容及考评集中规定在《普通高等学校辅导员队伍建设规定》中，成为高校辅导员工作的基本依据。高校辅导员工作与大学生管理工作有密切联系，但是两者不能等同。

第一节　高校辅导员制度的概述

世界其他国家高校的学生事务管理通常由学校专门机构直接负责，院系之下不设专职管理队伍，如美国高校；或在院系之下由就业、奖助学、新生入学、学生生活专职人员分工负责和直接管理，也不存在直接面向学生群体提供管理服务的队伍，如日本高校。因此，本章对高校辅导员制度的阐述仅限于我国高校辅导员制度。

一、高校辅导员的含义与定位

高校辅导员是高等学校教师队伍和管理队伍的重要组成部分，同时具有教师和管理人员的双重身份。辅导员是开展大学生思想政治教育的骨干力量，是高校学生日常思想政治教育和管理工作的组织者、实施者和指导者。[①] 他们是高校学生工作的主要力量，是大学生健康成长的指导者、引路人和知心朋友。高校辅导员为培养社会主义合格的建设者与可靠的接班人，为维护高校与社会的稳定做出了重要贡献，已经成为保证我国高等教育事业持续健康、快速发展不可或缺的一支重要力量。

目前，我国高校辅导员采取专职为主、兼职为辅的人员配备模式。专职辅导员是指在院（系）专职从事大学生管理教育的工作人员，包括院（系）党委（党总支）副书记、学工组长、团委（团总支）书记等专职工作人员。[②] 兼职辅导员是各高校从优秀专任教师、管理人员、研究生中选聘出来的兼职从事学生管理工作的人员。

随着高校教育改革的深入和社会的发展，辅导员的角色内涵更为丰富，辅导员的角色定位正在向以促进大学生成长成才为核心的管理者、教育者、服务者的方向发展。

（一）学生管理的组织者、实施者和指导者

1. 文化传承创新的推动者

辅导员是大学生教育的骨干力量，必须肩负起大学文化建设的重要使命，主动投身大学文化建设，做中华文化的继承者、延续者和传播者，做社会主义先进文化精髓的倡导者和实践者，成为宣传中华文化的一面旗帜。辅导员要注重对学生人文素质和科学精神的培养，积极引导大学生参加社团活动、素质拓展活动、科技创新活动及社会实践活动等。要根据大学生的思想特点，遵循教育规律，注重活动的参与性与体验性，立足于大学生乐于参与和便于参与，发挥大学生的主体作用。要创新教育形式和手段，多渠道、多角度宣传传统节日，积极利用网络、手机等新媒介，吸引大学生广泛参与。

---

① 参见教育部《普通高等学校辅导员队伍建设规定》（2017 年发布）。

② 参见教育部《普通高等学校辅导员队伍建设规定》（2017 年发布）。

2. **校园和谐稳定的促进者**

当前，我国高校校园保持总体稳定，为高等教育事业持续发展奠定了基础，也为社会稳定做出了重要贡献。辅导员工作在大学生教育第一线，能及时掌握第一手信息，把握大学生的情绪，了解大学生的要求，从而能够更好地引导大学生正确对待学习、生活、情感和就业等方面的问题，及时化解各种矛盾，维护校园和谐、安全与稳定。辅导员要加强日常管理，充分发挥主要学生干部的作用，并同专业教师保持紧密的联系，通过各种方式与渠道掌握学生信息和动态。对危机和问题做到早发现、早解决，防患于未然。辅导员应掌握一定的安全常识、法律常识、心理学常识等，不断提高自身的观察力、判断力、协调力、应变力，提升自身的心理综合素质，使自己能在处理危机事态时临危不乱。

（二）学生的人生导师

1. **大学生的文明引导者**

大学生是一个国家、民族的希望和未来，大学生的文明素养是一个国家文明程度的最好体现。当前社会主义物质文明、精神文明、生态文明的协调发展，迫切要求当代大学生更加注重自身形象的塑造和文明素养的提高。总体上看，当代大学生具有较强的社会公德意识和社会责任感，能够遵守公共秩序，爱护公共财产，讲究公共卫生，尊重他人。作为大学生的文明引导者，辅导员要率先垂范、言传身教，除了要有坚定的信念、正确的世界观、人生观和价值观，还要品行端正、坚持原则、以身作则、言行一致。通过不断地开展法治教育、安全纪律教育、文明修身、精神文明创建等活动，规范大学生的言行，陶冶大学生的情操，教育大学生认识到成才必先立德，立德必先立品。

2. **大学生的灵魂工程师**

大学阶段是大学生的世界观、人生观、价值观形成和变化的关键时期，在这一时期，大学生的思想具有好奇性、敏感性、容易冲动的特点，可塑性较强。辅导员在这一时期发挥着特别重要的教育和引导作用。辅导员虽然不是学生的专业教师，但却是特殊的教师，担负着指导学生德智体美全面协调发展，培养学生形成正确的世界观、人生观、价值观的光荣职责。辅导员必须成为塑造学生灵魂的工程师，这也在客观上要求辅导员用自己的专业知识、工作经验和人生感悟辅导学生，教育学生学会如何做人做事，成为品德优良、德才兼备的中国特色社会主义事业的建设者和接班人。

（三）学生健康成长的知心朋友

1. 大学生职业发展的指导师

积极做好大学生职业发展教育，是大学生全面发展和健康成长的要求，是高校推进人才培养模式改革和全面素质教育的要求。辅导员要努力提高自身的专业素质，掌握职业生涯发展理论，熟悉个体、团体的辅导与咨询技能，具备心理测评的知识与技能，通晓职业道德要素与相关法律知识，努力成为大学生的职业发展指导师。辅导员要坚持以学生为中心，树立一切为了学生成才与发展的工作理念，提高职业指导的专业化水平；坚持以市场为导向，按市场经济和现代社会对人才的要求，对学生进行职业生涯指导；坚持以服务为载体，通过就业服务与指导工作，帮助学生为未来的职业生涯做好充分的准备；坚持以教育为目标，将职业发展教育作为学生人生指导的一部分，贯穿大学教育的始终。在初期阶段，要帮助学生加深自我认识，树立正确的学习观；在中期阶段，要帮助学生自我拓展，培养学生较强的责任感和使命感，树立正确的成才观和事业观；在后期阶段，要帮助学生自我发展，树立开拓务实的职业观、创业观和择业观。

2. 大学生的知心朋友

辅导员比大学生具有更丰富的人生经历，而且容易与大学生沟通，能够和他们打成一片，做知心朋友。做知心朋友，才能和大学生一起经历成长的过程，应对成长中的困惑和问题，更好地了解他们的所思、所感，才能正确辅导大学生，才能真正成为大学生的人生导师。要成为大学生的知心朋友，辅导员就应做到：一要转化教育理念，强化服务者的身份，营造平等的师生沟通氛围。二要为人师表，以身立教。有得体大方的言行举止，有乐观善良的品性、正直向上的品德，有较高的素质和良好的个人形象，有真实和丰富的感情和爱好，同时又具有独特的个性风采，展现出良好的精神风貌。三要有爱心。在辅导员工作中，爱是亘古不变的主题。辅导员不仅应该是爱的使者，更应该是爱的传播者，在学生的心中播撒爱的种子，使之生根发芽。四要有耐心。要善于驾驭自己的情感，要有容人气度，要能够在对待学生的反复教育转化过程中，耐住性子，摸准病因，对症下药。五要细心。在烦琐的班级管理和教育工作过程中，辅导员要具有敏锐的观察力和细微的洞察力，及时发现学生政治思想、道德品质、行为习惯、学习状况及心理状态等各个方面出现问题的迹象，及时引导，及时解决，防微杜渐。

二、高校辅导员的职责与要求

2014 年 5 月 4 日，习近平总书记在北京大学考察时指出，青年的价值取向决定了未来整个社会的价值取向，而青年又处在价值观形成和确立的时期，抓好这一时期的价值观养成十分重要。这就像穿衣服扣扣子一样，如果第一粒扣子扣错了，剩余的扣子都会扣错。人生的扣子从一开始就要扣好。这一论述高度概括了培育青年价值观是高校辅导员工作的重要职责。高校辅导员的工作职责主要包括以下六个方面：

第一，帮助大学生树立正确的世界观、价值观和人生观，确立走中国特色社会主义道路、实现中华民族伟大复兴的共同理想与坚定信念，引导大学生追求更高目标，使先进分子树立共产主义的理想。

第二，帮助大学生形成良好的道德品质。辅导员要经常与大学生开展谈心活动，引导大学生形成良好的心理品质和自尊、自爱、自律、自强的优良品格，增强大学生克服困难、承受挫折的能力。

第三，帮助大学生处理学习、成才、择业、交友等健康生活方面的问题，提高其思想认识与精神境界，了解并掌握大学生的思想政治状况，针对大学生关心的热点、焦点问题，进行教育引导，化解矛盾和冲突，处理有关突发事件，维护校园安全和稳定。

第四，落实对经济困难的大学生资助的相关工作，组织好大学生的勤工助学，帮助经济困难的大学生完成学业。

第五，开展就业指导与服务工作，为大学生提供优质的就业指导与信息服务，帮助大学生树立正确的就业观念。

第六，以班级为基础和以大学生为主体，发挥班集体在大学生思想政治教育中的组织力量；组织协调班主任和思想政治教师等工作骨干做好经常性的思想政治工作；在大学生中开展多样的教育活动，指导学生党支部与班委会的建设，做好大学生骨干培养的工作，激发大学生的积极性与主动性。

作为一项神圣职业，高校辅导员工作承载了学生家长、学校和社会太多的期盼和责任。因此，高校辅导员肩负着众多工作职责要求，国家、社会、学生家长对高校辅导员自身能力素质要求也比较高。具体来讲，对高校辅导员能力素质的要求主要有以下几个方面。

（一）良好的思想道德素养

具体要求是：①思想政治素质过硬。高校辅导员必须认真学习、积极宣传、善于运用马克思列宁主义、毛泽东思想、邓小平理论、“三个代表”重要思想、科学发展观和习近平新时代中国特色社会主义思想，要努力钻研马克思主义与哲学社会科学的理论，不断地学习马克思主义中国化的最新成果，并且认真学习和领会中国革命道路与中国建设实践，充分了解中国改革开放的历史经验与时代特点，用科学的理论武装大脑和开阔眼界，运用正确的眼光与方法来分析对待中国和西方国家之间的差距与当代中国的热点问题，为高校学生答疑解惑。同时，要具有坚定、正确的政治方向和政治立场。坚持新时代中国特色社会主义方向，始终站在党和人民的立场，认真贯彻执行党的路线、方针和政策，在思想上、政治上、行为上和党中央保持高度一致；要坚决维护党的利益和人民的利益，运用马克思主义立场的观点与方法，分析周围环境与人民的思想，做到方向正确和立场坚定；要在大是大非面前站稳立场，同时自觉抵制各种思潮的错误干扰。②爱岗敬业。一个不爱岗的人是很难做到敬业的，一个不敬业的人也很难真正做到爱岗。因此，辅导员要想做好本职工作，首先必须爱岗敬业。要立足本职工作、专心致志、兢兢业业、精益求精，应努力钻研业务，尽快把握所带学生的特点及其成才规律，认真提高自身的思想觉悟，改变过去将辅导员作为过渡性职业的观念。③富有责任感。作为辅导员要有高度负责的精神，要有强烈地对学生健康成长负责、对学校长远发展负责、对家长苦心培养负责、对建设社会主义现代化高度负责的精神。做好辅导员工作，应该从社会安定团结的大局来考虑，从百年树人、对生命负责的角度来考虑，这样才能真正珍视生命，珍视每一个学生的未来，珍视社会的发展前途，从而实现自己的人生理想和信念。对于辅导员工作而言，每一个大学生都是一个鲜活的生命，他们的成长如何将直接关系着祖国的未来，关系着他们将来是否幸福。因此，辅导员必须始终保持一种高度负责的精神状态来做好自己的工作。一个麻木不仁、无动于衷、对生活没有爱好、不能主动承担责任的人，是不适合从事辅导员工作的。从事辅导员工作必须有很强的责任感、责任心，必须对事业有高度负责的精神。④服务意识。辅导员工作直接面对学生，从学生入学到毕业离校，要为学生创造良好的学习环境，帮助学生解决学习、生活中面临的各种问题。因此，辅导员要有全心全意为学生服务的精神，逐步从管理型向教育型、服务型转变。⑤乐于奉献。辅导员面对的工作是复杂的、多维的，需要巨大的精力投入，更需要奉献精神。如果没有很高的工作热情，而想做好工作是不可想象的。只要有了热情，才能转化为高度负责的精神。可以说，有了工作热情，才能有饱满的精神状态，才能对别人产生示范作用，才能给人以信赖感，也才能发挥教书育人的作用。辅导员的工作性质决定了很少会有惊天动地的成就，更多的是日复一日的辛勤工作，在学生工作的岗位上奉献出自己的年华。在这样平凡的岗位中，奉献精神是必不可少的。⑥高尚人格。辅导员的人格力量是指他的性格、仪表风度、文化素养、思想品格、心理气质等方面的综合素质在学生心目中所产生的感染力和影响力。在日常工作中，要以良好的道德品质和艰苦奋斗、无私奉献的精神状态来感染、教育学生，以对学生满腔热情的关爱来帮助、引导学生，在处理与学生个人利益密切相关的工作时，要做到公平公正，保持廉洁。在处理重大问题时，就靠得住、冲得上、有激情，敢于面对和解决难题。这些素质虽然不是凭借组织赋予的权力，也不是凭借外在的势力，却能说服、感化、影响并指导大学生的思想和行为。诚如孔子所说："其身正，不令而行；其身不正，虽令不从。"

（二）合理的文化知识结构

具体要求是：①要有坚实的理论基础。辅导员工作是做人的工作，是一门科学、一门艺术、一门学问。辅导员要认真学习时事政策，学习管理学、教育学、社会学和心理学以及就业指导、学生事务管理等方面的科学知识。②要有广博的文化知识。当代大学生是一个知识群体，他们思想敏锐，信息灵通，接受新事物快，具有一定的科学文化知识。高校辅导员要有效做好大学生教育工作，必须要有广博的科学文化知识作底蕴。多元的知识结构和良好的知识储备，是高校辅导员做好大学生工作的基石。辅导员的知识结构应包括教育与心理知识、广泛的社会文化知识和一定的科学技术知识。③要能灵活运用各种工作技巧。要认真总结和学习开展大学生日常教育工作的经验，掌握做好工作的技巧和规律。要加强对新情况的研究，注重运用先进的科研成果和有关理论指导实际工作，不断探索新途径、解决新问题。④要具有很强的组织能力和分析问题、解决问题的能力。在一些突发事件的处理上，能够做到处变不惊、沉着应对、果断处置，及时稳定学生的情绪，防止事态扩大。能够从现实出发，对原有的决策、方案和意见及时进行修改和补充，因势利导，把工作向前推进。⑤具备较高的学习能力。在指导学生的实践活动中，特别是参与到学生专业的实训、实践中，应该在观察力、理解力等方面给学生做榜样，将自己观察和学习到的心得与学生分享，特别是将培养自己学习能力的方法教给学生，让学生在潜移默化中不断提高自己分析问题和解决问题的能力。

（三）健康的身体与心理素质

具体要求是：①具有豁达的胸怀和坚强的意志品质。这是辅导员减轻心理压力、提高自身的社会适应能力、战胜工作中的困难与挫折所必须具备的心理素质。辅导员工作是与人打交道，帮助人解决困难与问题，学生工作少不了会遇到许多令人烦恼的事。积极、良好的心态有助于充分发挥自己的积极性和创造性，提高工作效率，顺利克服遇到的困难。②具有真诚的情感品质。辅导员要善于用自己的真情去关心学生、爱护学生，具有理解学生和尊重学生的良好品格，与学生建立互相信任的关系。辅导员不能仅把学生当成单纯的受教育对象，还应和他们做朋友，坦诚地与之沟通和交流，力争成为学生的知心朋友。只有这样，才能建立起融洽的师生关系，才能不断拓展师生之间的情感交流，才能对学生有充分和真正的了解，才能有效地帮助他们、教育他们，促使他们健康成长。③具有良好的自我控制能力。在学生工作中，能慎重对待自己的言行，善于支配和控制自我；在困难面前，具有坚强的意志和坚定的毅力；在面对顺境或逆境时，都能沉着应对，善于控制自己的情绪，保持冷静。

（四）扎实的业务素质

具体要求是：①较强的组织管理能力。辅导员应积极主动地参加到学生活动中去，协助他们把活动开展得丰富多彩。在活动的准备阶段应积极主动地启发和拓展学生的思维和视野；在学生做活动方案和计划时，应积极、认真地给予指导和帮助，从计划中体现活动内容的充实，在活动时间的安排上给予指导和帮助。对于辅导员来说，是否在学期初，充分考虑学校安排与学生实际需求等情况制订计划；能否在学期中，严格执行计划，并合理利用学校的现有资源，充分调动学生的积极性；是否在学期末，科学总结计划的执行效果，并总结经验教训等，这些都是其管理能力的具体表现。②较强的语言文字表达、文体等方面的能力。辅导员作为学生工作的基层负责人，平时与同学们朝夕相处，开展各项活动，既是策划者、组织者，又是成员之一。辅导员如果具备良好的口头表达和文体才能，在学生开展的各项活动中能直接介入充当角色，从而寓教于乐。③较强的沟通、协调能力。辅导员应该具备较好的沟通交流能力，彰显人格魅力。在宿舍、食堂中要与他人平易相处，不能总把自己定位在学生老师的位置上，更应该是学生的朋友，应该相互尊重，相互平等对待等。辅导员应该经常与班级任课教师交流和沟通，可以从课堂上了解学生的上课情况，针对学生的学习态度和方法，帮助学生树立学习信心、加强学习的观念、设立科学的学习目标、运用科学的学习方法、培养良好的学习习惯，以利于顺利完成学业和提高各项素质。辅导员应该加强与学生所在宿舍的管理员进行交流和沟通，这样可以了解学生在宿舍的情况、日常行为习惯、宿舍的卫生文化情况以及学习之外的思想活动内容和动态趋势，以利于有针对性地开展思想教育工作。辅导员应该多与学生的家长进行通畅、有效的交流和沟通，以便从多方面更加深入地了解学生的成长背景，了解学生的性格、喜好，争取在最短的时间内把握学生的情况，以利于因材施教。④较高的心理解惑能力。学生在刚迈进大学校园时，可能在短时间里或者较长一段时间里不能很好地适应大学校园的生活习惯，从而思想行为逐渐发展到另一个极点：孤独、不与他人相处、不关心集体、不团结同学、不思上进、遇到问题时不采取积极的办法解决而总是选择躲避甚至走向极端等。当发现学生存在心理问题时，辅导员应该及时采用专业的心理学知识进行指导和帮助，努力帮助他们恢复健康的心理状态，重新塑造大学生健全的人格和品质。因此，辅导员应该具备较专业的心理学知识，并能从理论上升到实践，针对不同学生的心理状况做出有针对性的指导和帮助。

此外，高校辅导员还需根据工作对象的不同，运用不同的工作方法，从多方面培养自己的能力素质，从多方面了解社会、学校、学生，从多方面科学合理地帮助和引导学生提高综合素质，因材而教、因材而导、因材而变、因材而提高。只有不断进取、不断完善工作内容和职责，才能更好地适应和满足学生的需求，更好地胜任高校辅导员岗位职责的要求。

三、高校辅导员制度的形成与发展

辅导员的角色诞生于特定的历史时期，辅导员一词经过了“政治指导员”“政治辅导员”与“辅导员”的历程。我国高校辅导员制度可追溯到新中国成立以前我党在军政干部院校实行的“政治指导员”制度。

1936 年 6 月，陕北地区创办了“中国工农红军学校”，后改称“中国人民抗日红军大学”，简称“红大”。1937 年 1 月，“红大”随中共中央机关迁至延安，改称“人民政治大学”，简称“抗大”。该大学按照部队的编制形式将学员分编成若干的大队，大队下依次设立支队，支队又下设中队，并在中队中配备政治指导员。这种政治指导员就是我国高校辅导员的前身。

中华人民共和国成立以后，我国的高等教育事业发生了巨大的转变：一方面废除了国民党统治时期高校实行的训导制度；另一方面提出了设立政治辅导员制度，即政治辅导员负责学生与教师的思想政治教育工作。同时，教育部于1952年下发了《关于在高等学校有重点地试行政治工作制度的指示》，文件提出了在高等学校设立政治工作机构，即政治辅导处，主要负责辅导学生的政治理论学习与社会活动，组织推动教职工政治思想学习等。政治辅导处的设立，促进了高校思想政治工作的专门机构与制度的初步形成，对进一步加强学生思想政治教育的管理、保证学习任务完成起到了重要的作用。1953年，经中共中央同意，清华大学建立了政治辅导员制度。该制度的建立，标志着我国高校辅导员制度的正式产生。1961年，中共中央批准试行《教育部直属高等学校暂行工作条例（草案）》，这一条例明确规定："政治辅导员要从专职的党政干部、政治理论课教师和其他青年教师中挑选，选拔出有一定政治工作经验的优秀人员担任一、二年级的政治辅导员或者班主任。同时，要逐步培养和配备一批专职的政治辅导员。"此条例的实施标志着我国首次正式提出在高等学校设置专职的政治辅导员。随着《辅导员工作条例》的颁布，辅导员队伍的规模开始不断扩大，全国各类高校也建立了政治辅导员制度，高校辅导员制度的建设得到了巩固和发展。但是到了1966年，由于"文化大革命"的全面发动，全国各高校思想政治工作受到了严重冲击，辅导员队伍建设也基本处于停滞的状态。

改革开放以来，为尽快恢复高校辅导员的思想政治教育工作，提高学生的思想政治觉悟，教育部于1980年颁布了《关于加强高等学校学生思想政治工作的意见》，明确指出："高等学校的学生政工干部，他们既是党的政治工作队伍的一部分，又是师资队伍的一部分，担负着全面培养学生的重要任务。"在教育部的指导下，我国高等学校全面恢复了思想政治工作机构，相继成立了主管学生思想政治工作和学生事务管理工作的学生工作部或青年工作部，并建立了由学校党委统一领导、由党委副书记分管、在校院（系）两级设置相应的学生工作机构的一种高校思想政治工作领导体制。直至现在，这种领导体制仍被大多数高校所采用。

20世纪80年代以后，随着思想政治教育学科的迅速发展，我国高校辅导员队伍在质量与水平上也得到了提高。辅导员的队伍建设由精干的专职人员较多的兼职人员组成。这个时期的辅导员主要从事政治教育和道德教育，人员结构上以"少量专职，较多兼职"为主要模式，这种模式在我国的高校辅导员体制中运转了近20年。20世纪90年代以后，高校辅导员队伍建设的发展主要体现在高校思想政治工作管理体制的改革与完善上。从1993年到1998年，我国高校进行了大规模的人事制度改革。同时，在这一时期，我国部分高校学生工作机构的设置也有一些较大的变动，例如，把武装部合并到学生工作部，把就业工作设立成独立机构等。随着我国高校招生就业制度改革，许多高校招生就业工作的复杂程度增加，在这种新形势下，大量学生事务工作需要高校辅导员参与完成。但是，原有的制度是针对辅导员思想政治教育做的规定，对思想政治教育以外的工作职责没有明确的界定，这就使我国的高校辅导员工作出现了新的问题。

进入 21 世纪，随着国家战略的调整，高等教育逐步改革，大学生招生比例开始扩大，我国的高校辅导员队伍进入一个全面发展的新时期。2005 年 1 月，教育部颁布《关于加强高等学校辅导员、班主任队伍建设的意见》，2006 年 9 月 1 日，教育部实施《普通高等学校辅导员队伍建设规定》。这一系列文件与规定的颁布明确了辅导员的工作职责、素质要求与管理措施等，对高校辅导员队伍建设具有十分重要的指导作用。2010 年，根据党的十七大关于“优先发展教育建设人力资源强国”的战略部署，为促进高等教育事业的科学与全面的发展，《国家中长期教育改革和发展规划纲要（2010—2020 年）》颁布实施，这是进入 21 世纪我国第一个中长期教育规划纲要，具有涉及面广、时间跨度大、任务重、要求高的特点。

党的十八大报告提出了“把立德树人作为教育的根本任务”“培养学生社会责任感、创新精神、实践能力”“全面提升党的建设科学化水平”等一系列战略部署，为全面贯彻党的教育方针赋予了新的时代内涵，为加强大学生思想政治教育指明了方向，为新形势下做好学生工作提出了新的要求。

第二节　高校辅导员工作的概述

高校辅导员是最贴近学生的群体之一，是高校学生管理工作的一线工作者。高校学生管理工作与辅导员工作内在的紧密联系，决定了辅导员工作的方向、性质。高校学生管理工作具有的教育、管理、服务职能，也同样反映在辅导员工作中，但后者还具有一些独有的特点，两者在工作内容的外延和范围的差异决定了两者不能完全地等同。

一、高校辅导员工作的含义与特点

目前，学界对高校辅导员工作的概念或含义的研究较少，甚至将其与高校学生管理工作等同。但本书认为，高校学生管理工作与高校辅导员工作在广义上的内涵基本一致，都是为保障大学生健康成长和维持校园秩序而针对大学生群体学习和生活开展的教育、管理和服务活动。但从狭义角度看，与高校学生管理工作相比，高校辅导员的工作职能、队伍规模和工作范围均有所缩小，例如学生学籍管理、就业管理、学费管理由学校学工部门、招生就业部门、财务部门统一管理，不可能由各学院辅导员单独管理，辅导员工作仅是协调配合但不是管理主体。这是由高校学生管理工作的体制结构和工作布局所决定的。至于两者之间的联系与区别将在下文中进行详细剖析，此处仅做简要分析。

结合辅导员工作的内容、对象、环境、方法，它又有自身特点，这主要体现在主、客观两方面。

（1）主观方面：主要分为主动性、预见性和针对性。主动性要求主动了解学生的各项现实情况，分析、概括与把握学生的欲求、希望及困惑；预见性要求预见和把握学生的思想变动特点、方向及其发展趋势等；针对性要求注重依据社会经济条件的变化特征，有针对性地开展思想政治教育工作。

（2）客观方面：主要分为直接性、复杂性、系统性和全面性。直接性是指每天直接面对学生，处理学生的各项事务；复杂性是指涉及学生学习、生活、情感、心理等各个方面的复杂琐碎问题，从而综合分析与判断学生的各项需求；系统性是指学生之间、师生之间、学生与家庭和社会成员之间相互关联与影响，呈现出的系统与综合特征，从而需要系统分析与掌握影响学生思想变动的各项因素；全面性是指学生群体需求与有差异个体的需求，呈现出全面性特征，从而需要关注解决每个学生个体特殊的需求。

二、高校辅导员工作的主要内容

根据 2017 年 10 月 1 日施行的《普通高等学校辅导员队伍建设规定》第五条规定，我国高校辅导员工作目前主要有九项工作内容，可简要分为学生思想政治教育、学生发展服务和学生事务管理三个方面。具体包括：

（1）思想理论教育和价值引领。引导学生深入学习习近平总书记系列重要讲话精神和治国理政新理念、新思想、新战略，深入开展中国特色社会主义、中国梦和社会主义核心价值观教育，帮助学生不断坚定中国特色社会主义道路自信、理论自信、制度自信、文化自信，牢固树立正确的世界观、人生观、价值观。掌握学生思想行为特点及思想政治状况，有针对性地帮助学生处理好思想认识、价值取向、学习生活、择业交友等方面的具体问题。

（2）党团和班级建设。开展学生骨干的遴选、培养、激励工作，开展学生入党积极分子培养教育工作，开展学生党员发展和教育管理服务工作，指导学生党支部和班团组织建设。

（3）学风建设。熟悉了解学生所学专业的基本情况，激发学生学习兴趣，引导学生养成良好的学习习惯，掌握正确的学习方法。指导学生开展课外科技学术实践活动，营造浓厚学习氛围。

（4）学生日常事务管理。开展入学教育、毕业生教育及相关管理和服务工作。组织开展学生军事训练。组织评选各类奖学金、助学金。指导学生办理助学贷款。组织学生开展勤工俭学活动，做好学生困难帮扶。为学生提供生活指导，促进学生和谐相处、互帮互助。

（5）心理健康教育与咨询工作。协助学校心理健康教育机构开展心理健康教育，对学生心理问题进行初步排查和疏导，组织开展心理健康知识普及宣传活动，培育学生理性平和、乐观向上的健康心态。

（6）网络思想政治教育。运用新媒体新技术，推动思想政治工作传统优势与信息技术高度融合。构建网络思想政治教育重要阵地，积极传播先进文化。加强学生网络素养教育，培养校园好网民，引导学生创作网络文化作品，弘扬主旋律，传播正能量。创新工作路径，加强与学生的网上互动交流，运用网络新媒体对学生开展思想引领、学习指导、生活辅导、心理咨询等。

（7）校园危机事件应对。组织开展基本安全教育。参与学校、院（系）危机事件工作预案制定和执行。对校园危机事件进行初步处理，稳定局面、控制事态发展，及时掌握危机事件信息并按程序上报。参与危机事件后期应对及总结研究分析。

（8）职业规划与就业创业指导。为学生提供科学的职业生涯规划和就业指导以及相关服务，帮助学生树立正确的就业观念，引导学生到基层、到西部、到祖国最需要的地方建功立业。

（9）理论和实践研究。努力学习思想政治教育的基本理论和相关学科知识，参加相关学科领域学术交流活动，参与校内外思想政治教育课题或项目研究。

三、高校辅导员工作的主要方法

高校辅导员工作方法是指高校辅导员根据学生的实际情况以及不同特点，在工作实践中有针对性地选择和采用的教育管理方法。高校辅导员工作方法具有可选择性、明确性和针对性的特征。这是因为在实际生活当中，大学生的思想认识状况和行为方式处于不断变化与发展的状态。高校辅导员工作方法的选择不是随意的，必须遵循现实性、针对性和实效性的标准来进行选择。

目前，谈心教育法、榜样示范教育法和主题教育法是传统意义上高校辅导员工作的三种基本方法，它们是辅导员在工作实践中最常运用的方法。即使是在今天，传统方法仍然有着其存在的价值和意义，对高校辅导员工作甚至是整个教育事业来说仍发挥着不可替代的推动作用。具体来讲：

谈心教育法是指高校辅导员以掌握学生思想动态、解决学生思想问题为目的，与学生进行语言上的沟通和交流。谈心教育法是高校辅导员开展教育工作和处理日常事务的常用方法，有助于解决大学生的学习、生活和情感等问题，帮助大学生形成正确的思想认识，树立正确价值观，同时增进师生关系。

榜样示范教育法是指通过树立、运用、宣传、示范榜样的事迹和思想，潜移默化地影响和培养大学生正确的价值取向和行为准则的方法。它最早由法国社会学家塔尔德提出，他认为只有借助模仿的思想才能解释人的社会行为，这实际上就是指对榜样的学习和模仿。在高校辅导员工作中，榜样示范教育法是一种运用比较普遍的教育方法，贯穿于学生教育的整个过程当中。

主题教育法是指将具备一定特征的某种思想理念贯穿到教育活动当中的教育方法。在高校辅导员的工作实践中，主题教育法的选择和应用一般是辅导员在深入领会党和国家的教育方针、政策、意见，领会学校的各项精神，明确学校发展战略和发展目标的基础上，结合学生实际的思想状况来组织实施的。

高校辅导员在利用传统方法开展工作时，要注意结合时代的特点和需要，使传统工作方法展现出新的生机与活力。除了上述传统的三种基本方法，辅导员还会运用到一些其他的工作方法，比较典型的有自我教育法、感染教育法、预防教育法、网络谈心法。

(1) 自我教育法是受教育者主动地提高自身思想认识和道德水平以及自觉改正错误思想和行为的方法。简单地说，就是人们自己教育自己的方法。在高校辅导员工作中运用自我教育法，就是将主动权交到广大学生手中，让学生通过自我意识，有计划、有目的地对自我提出要求和任务，自觉提高自身的思想认识和道德水平，克服错误思想和不良行为，从而提高和完善自我。

（2）感染教育法是指受教育者在不自觉或无意识的情况下，受到一定感染体（如具体的事物、生动形象的情景和现象等）的影响、熏陶、感化，最后得到教育的方法。它一般是在不自觉和无意识的情况下进行的，主要通过情感去影响教育对象。故而具有更加具体、生动、形象和自然的特点，具备浓厚的情感色彩。在感染教育过程中，受到的感染会表现出两种不同的性质，即顺向感染和逆向感染。当受教育者对感染的情感产生亲近，能够接受感染体所感染的内容时，我们就称之为顺向感染；当受教育者对感染的情感产生疏远，不能够接受感染体所感染的内容，甚至出现对感染体的排斥和鄙视时，我们就称之为逆向感染。高校辅导员运用感染教育法开展工作，就是要使大学生与教育者所提供的感染教育产生情感上的共鸣，促进顺向感染的发生，尽可能地避免逆向感染情况的出现。

（3）预防教育法是指教育者针对受教育对象将要产生或可能产生的思想问题和行为方向进行预测防范，争取主动，努力避免不必要的损失和影响的一种教育方法。预防教育是在思想问题尚未出现或错误思想苗头刚刚出现时，有针对性地进行的教育，是具有一定提前量的教育。在高校辅导员工作中实施预防教育，将滞后的批评处理变为超前的正面教育，不仅能够提高辅导员工作的主动性，将恶性循环变为良性发展，而且能够有效地增强高校辅导员工作的实效。

（4）网络谈心法是谈心教育法在信息化时代的一种创新。21 世纪是一个以信息为主要载体和平台的时代，并且网络已经全面深入大学生的生活当中，成为大学生生活中不可缺少的一部分。高校辅导员应当紧跟这一时代旋律，努力摆脱以往教育的封闭性，顺应现代教育的开放性，充分利用网络资源开展谈心教育活动，为传统的谈心教育法寻找新的土壤，从而发挥其更大的作用。面对这种新形势、新情况，高校辅导员必须顺应时代需求，及时掌握最新的网络知识，重视并充分应用信息网络技术，努力开辟网上谈心教育的新途径，通过邮箱、微信、微博、QQ 等网络手段，提高高校辅导员工作的影响力和实效性，让网络谈心教育法成为新时期有效的工作方法。

第三节　高校辅导员工作与高校学生管理的关系

高校学生管理涉及多方主体、目标、任务、方法、场景，是一项复杂的工程系统。高校辅导员工作与其有着密切的联系，在总体目标、职能和工作内容上具有内在的一致性；但两者在产生时间、复杂程度上又存在差别，是一种整体与部分的关系。

一、高校辅导员工作与高校学生管理的联系

高校学生管理是高等学校为实现人才培养目标，促进大学生全面发展，通过决策、计划、组织和控制，有效地利用各种资源，为大学生成长成才提供各种指导和服务的社会活动过程。在我国，高校学生管理工作包含管理、教育和服务职能，工作内容涉及学籍管理、学习管理、考试管理、图书管理、实验室管理、奖惩管理、留级休学退学管理、学费管理、就餐管理、住宿管理、经济困难生资助管理、毕业生就业管理、学生会与社团活动及校外实践管理、安全管理、思想政治教育管理等内容。而高校辅导员工作是高校辅导员直面学生群体，贯彻执行学校管理规章，开展思想政治教育、提供学生服务的系列活动。其中，思想政治教育活动在课堂和课外分别由专任思政教师和各院系辅导员具体实施。

高校学生管理与高校辅导员工作内在的紧密联系是毋庸置疑的，后者往往脱胎于前者，以至于有人将两者等同。主要是因为：

（1）总体目标一致。两者工作的总体目标都是促进大学生身体和心理健康成长，维持校园教学秩序和安全秩序，为国家和社会培养合格人才。但辅导员工作的具体目标往往由各高校结合本校校情进行分解、细化、落实，两者的具体目标存在一种派生、延伸关系。

（2）工作职能一致。两者都有管理、教育、服务的职能。相较于高校内部其他行政工作，高校学生管理工作是高校内部工作的中心场域，管理育人、教育育人、服务育人是其工作的应有之义。而我国辅导员制度正是为了落实高校

学生管理工作教育育人和管理育人的目的而诞生的，加之进入 21 世纪各大高校相互借鉴管理经验，服务育人的理念和功能也逐步确立，高校辅导员工作职能与学生管理工作的职能具有了内在的同一性。

（3）工作内容的高度重合。高校学生管理的工作内容涉及学籍管理、考试管理、图书管理、实验室管理、奖惩管理、留级休学退学管理、学费管理、食堂管理、住宿管理、经济困难生资助管理、就业管理、学生社团管理、校外实践管理、安全管理、思想政治教育管理、党团建设、心理健康咨询服务、法律援助服务等内容。众多的工作内容分别由学校学工、教务、后勤等部门以及各院系分工管理，各院系辅导员接受本院系学工部门领导和校学工部门指导而具体实施住宿管理、奖励资助管理、就业创业指导、社会实践指导、安全管理、思想政治教育管理、党团班级建设、心理健康教育等紧贴学生群体生活学习管理服务的工作内容。不难看出，高校辅导员工作与高校学生管理工作在工作内容上有极大重合，甚至是学生管理工作的主体。

此外，两者在基本的工作理念、工作原则以及工作方法上也有很多共通之处，此处不再赘述。

二、高校辅导员工作与高校学生管理的区别

尽管高校辅导员工作与高校学生管理工作联系紧密且重合度高，但是两者的区别也很明显。

（1）产生时间不同。高校学生管理工作（英美等高校称为“大学生事务管理”）产生时间早、历史悠久，其萌芽可追溯至西方中世纪大学（13 世纪末至 19 世纪末），早期管理形态主要涉及宿舍管理；后经历“父母替代制”时期（19 世纪至 20 世纪二三十年代）、“学生人事”时期（19 世纪至 20 世纪三四十年代）、“学生服务”时期（20 世纪三四十年代至六七十年代）、“学生发展”时期（20 世纪 70 年代至今）约 800 年的理论和实践发展，才有今天大学生事务管理的现代形态。反观高校辅导员工作，虽然英美等国高校率先开启现代大学教育，其也有专职负责学生事务管理的工作队伍，但与我国的高校辅导员制度还是有很大差别。因此，高校辅导员工作的理论和实践发展是伴随着我国辅导员制度的确立而开始的，产生时间仅可追溯至 20 世纪五十年代，尚属于新兴学科或管理科学。从总体上看，我国高校辅导员制度及工作实践脱胎于大学生事务管理工作，形成发展于现代的特色道路。

（2）复杂程度不同。正如前文所述，高校学生管理工作涉及学生生活学习的方方面面，工作内容多达二十几项大类，管理对象包括学生及自治团体、内设教学单位及教师、各级内设学生管理机构及行政人员、社会服务单位及人员等。其结构体系在横向和纵向上庞大、系统、复杂，管理链条长且条块交织。而高校辅导员工作主要涉及九大类工作，工作对象主要是学生群体，辅导员在纵向上接受各院系学生工作办公室领导直面学生，在横向上对外协调沟通其他院系和部门。与高校学生管理工作相比，其管理链条相对缩短、管理内容相对简单、复杂程度相对降低。

（3）部分与整体关系。高校辅导员工作是对高校学生管理工作的进一步延伸和细化，是其枝干之下的重要分支。从整体上看，两者都兼具管理、教育、服务的职能。而高校学生管理工作是由校团委、学工处、教务处、招就处、后勤处/管理中心、宣传部、各院系、各类专门学工办公室等主体具体实施的。从内部分工看，学工处、教务处、后勤处等部门工作职能更偏向于管理、服务职能，工作内容主要涉及由学校统一管理事项，如学籍管理、奖惩处分管理、休学转学管理、考试管理、校园安全管理、校园文化建设、食堂医院等服务单位管理等；而各院系是大学生管理工作的前沿阵地，要全面承担学生教育、管理、服务的职能，既要负责专业教学，又要负责学生工作。各院系内一些贴近学生学习生活的工作领域，如思想政治教育、心理健康辅导、党团班级建设、学风建设、学生日常事务管理、职业规划与就业创业指导等，则由辅导员工作具体承担并实施，其工作职能更侧重于服务和教育。可见，高校辅导员工作是高校学生管理工作内部分工后的再分工，是部分与整体的关系。

第五章　高校辅导员工作的实务考察

内容提要：我国高校辅导员工作在实务中如何开展、开展情况如何，往往随着各高校发展状况的不同而很难统一定论。但是我们有必要对其实务情况开展考察研究，使考察结论尽量做到具有代表性和广泛性，这对高校辅导员工作理论研究和实践完善都具有现实意义。本节从高校辅导员工作的模式、成效、队伍建设三个角度展开考察，并发现我国高校辅导员工作模式有传统型和新型两种模式，工作成效的理论研究和实践操作均已成熟，人才队伍建设也取得了显著成效。

第一节　高校辅导员工作模式

所谓工作模式，在词义上通常是指在工作过程中采取的基本工作方式和规范，包括工作所需的流程、方法、程序等。针对高校辅导员工作模式，有学者早在 2004 年就做出概念界定，即“高校辅导员工作模式是在一定辅导员工作指导思想影响下形成的与所持教育目标相适应的具有相对稳定性和示范性的活动程序”①。也有学者指出，辅导员工作模式是一个宽泛的概念，它在大学生思想政治教育和学生事务管理工作中，由一系列要素构成，辅导员可以学习、

① 杨炎轩. 略论辅导员工作模式［J］. 高等工程教育，2004（1）：43−45.

模仿、创新，甚至可以是照着做的基本工作样式。① 辅导员工作模式就是在大学生思想政治教育和学生事务管理工作中，针对一个或一类主题和情境所形成的以理念、目标、路径和方式为主要构成要素的教育与辅导样式。②

虽然由于不同研究者视角不同而对高校辅导员工作模式的概念、定义各有差异，但不难归纳出，它至少有以下特点：①具有特定目标，以提升辅导员工作实效和促进目标实现为目的。在我国，它要围绕辅导员思想政治教育、学生发展服务和学生事务管理工作而展开。②具有普适性，是一定工作方法或程序的高度总结。③具有多要素，内涵上不应限于工作方法、工作理念等内容。

因此，我们可以做出这样的定义：高校辅导员工作模式是高校辅导员队伍在长期的工作实践中出于提升工作实效目的，根据特定教育指导思想而形成的以工作方法、理念、程序为主要内容的工作范式。

在高校辅导员现行工作模式的具体类型上，目前国内学者按照出现时间的先后主要将其概括为传统模式和新型模式两大类型。

一、传统模式

根据工作目标、管理对象、工作方法的标准进行再分类，传统模式又有几种：①根据工作目标，分为经验型、教育管理型、教育实施和管理并重型的模式；②根据管理对象，分为年级高校辅导员工作模式、专业高校辅导员工作模式；③根据工作方法，分为规划式、平台式、指导式、攻心式、成长式。前两项分类比较容易理解，本节重点介绍根据工作方法的不同而产生的第三类传统模式。

（1）规划式工作模式，是指辅导员工作重心放在指导学生群体与个体发展规划上的辅导模式。该模式适合学生组织、班集体和学生个体，是一个比较有远见、效用持久的辅导模式。它具有长期性、渐进性、发挥学生主体作用的特点。

在辅导学生做发展规划时，辅导员可设定一个相对较长的规划期限（通常是4～6年），引导学生自主设计发展目标、任务和实施步骤，设置分阶段目

① 李小虎. 高校联盟辅导员工作模式创新研究［J］. 河北工程大学学报（社会科学版），2011（9）：103－106.

② 夏海州. 高校辅导员工作模式的概念及其构成要素研究［J］. 首都师范大学学报（社会科学版），2009（S2）：123－125.

标，逐层推进。其间，辅导员只需在学生遇到困难和困惑时适时地搭一把手，力求成为学生的人生导师和朋友，而不大包大揽，让学生在相对完整的辅导体系中感悟成长，接受系统的辅导。

（2）平台式工作模式，是以相对稳定的教育平台为依托的辅导模式。该模式的优点在于一个平台可以承载多项教育与引导功能，具有一定的辐射性和感召力。“毕业生 QQ 群”“学生微信群”即是典型的平台式工作模式，在对大学生进行及时、有效辅导方面起着十分重要的作用。

（3）指导式工作模式，是一种要求辅导员能够从更高层面对学生及事物发展进行把控，引导学生在应该或期望的轨道上发展的模式。这种模式具有一定的强制性，更加注重指导过程中的态度、方式和技巧，尽可能地避免师生间的矛盾与冲突，更适用于辅导员对各级学生组织建设和学生干部成长的指导。辅导员可在学生班集体和社团管理中指导学生干部养成严谨的工作思维方式，做策划方案及发展规划的习惯，树立起正确的价值取向。

（4）攻心式工作模式，是指辅导员在日常教育管理中依靠敏锐的洞察力，发现并解决学生问题的模式。在实际工作中，辅导员适时运用这种模式往往会收到意想不到的效果。大学生思想经常会因为外界环境与条件的变化以及人为因素的影响而左右摇摆，辅导员如果能够敏锐地把准学生的思想脉动，把握关键问题的症结，那么许多看似令人困惑和相对隐蔽的问题就可能迎刃而解了。该模式适合学生心理辅导工作。

（5）成长式工作模式，是指辅导员针对学生在个性、学习、生活、工作、心理及思想等方面表现出的成长发展需求进行分层引导的辅导模式。一些大学生心理年龄偏小、思想幼稚、独立能力差，需要辅导员引导他们尽快适应大学生活，学会自我规划与发展。因此，这种辅导模式对辅导大学生个性成长、学习认知成长、生活认知能力成长是非常有效的。

二、新型模式

经过新时代的转型发展，许多高校及辅导员团队不断探索出一些新型模式，取得了良好的运用成效。这些新型模式主要包括：课程化模式、团队模式、“主体间性”模式、流程再造模式、发展辅导模式、深度辅导模式、“1＋

X”模式、“互联网+”模式，等等。[①] 本节简要介绍以下几种新型模式。

（1）课程化模式，是指用教学的理念认识辅导员的工作性质，用课程的形式设计辅导员的工作内容，用教学的标准规范辅导员的工作行为的模式。[②] 它的目标是促进辅导员履行教师角色，以充分发挥教育功能，是近些年来本科院校对于辅导员工作做出的全新探索。

（2）“主体间性”模式，是指在学生工作中辅导员和学生均为平等主体，学生与辅导员双向交互活动、平等参与、平等对话，以实现学生自我管理、自我教育、自我服务的模式。该模式改变了以往学生工作中学生的客体地位，强调“平等主体”“交互活动”“重视成人教育”。该模式是柔性管理理念在辅导员工作中的发展探索。

（3）发展辅导模式，是指辅导员按照人才全面发展、重视素质教育等现代教育理念，在建构主义理论指导下，着眼于培养和提高学生综合素质和能力而采取的一种构造式培养模式。它要求突出学生素质、知识、技能、能力培养，以系统科学的整体性、有序性、最优化理论与方法为手段，从宏观综合设计，构建人才发展的四维立体结构辅导模式。该模式把大学生发展辅导分为人格辅导、学习辅导、生活辅导和生涯辅导四个维度，形成一个完整的四维立体结构辅导模式，内容涵盖大学生成长发展的方方面面。

（4）深度辅导模式，是指针对不同的学生群体，深入学生日常学习生活，及时发现学生问题和个性需求，提供有效帮助和支持的模式。它要求针对贪玩学生、网瘾学生、贫困学生、学习落后学生、少数民族学生的学习生活和常见问题，深入了解、分类施策，增强辅导的针对性和有效性。

（5）“互联网+”模式，是指辅导员依托互联网和各类通信、社群工具，探索线上开展学生工作的模式。例如：利用移动通信平台、门户网站、短视频平台等自媒体开展思想政治教育活动、服务学生活动、学生事务管理活动。现在，该模式已经在我国高校广泛采用，具体的形式也正在不断创新发展。

未来，我国高校辅导员工作模式的创新和发展将更加关注域外经验与本土经验的吸收结合，更加关注自身发展的深度，如自身的科学化、合理化、标准化问题的研究和实践。

---

① 唐彬. 高校辅导员工作模式的回顾与展望［J］. 淮海工学院学报（人文社会科学版），2017，15（5）：129－132.

② 叶玉清，肖文学. 高校辅导员工作课程化模式的理论与实践［M］. 沈阳：东北大学出版社，2014.

第二节　高校辅导员工作成效

高校辅导员工作成效是指高校辅导员付出人力、物力和财力对大学生群体进行教育、管理及服务所取得的实际效果情况。它与“高校辅导员工作实效”同义，是对高校辅导员工作价值、工作对象、工作内容、工作过程、工作素质等所取得的结果的评估和检验，是衡量辅导员阶段性工作与结果性工作成功与否的重要标准。①

然而，要对各高校辅导员工作情况进行统一评估是不现实的。一方面，高校辅导员工作不是一个独立的版块，而是由多个工作子系统组成的，例如思想政治教育工作、党团班级建设、心理健康辅导等。其系统复杂、内容繁多，若不加以区分泛泛而谈，辅导员工作成效情况是不科学的。但若要统一、科学、客观地评价，其考评指标选择、评估标准确立、各项指标权重计算等问题又涉及管理学、教育学、政治学、统计学等学科知识，绝非单一学科所能完成的。因此，在实务中很难有统一的、客观全面的评价问卷来反映各高校辅导员工作成效。另一方面，各个高校辅导员工作具有不同的特征，其工作成果不一而足，以致很难从宏观上概括一个地域或国家的高校辅导员工作成效情况。实践中，诸多研究者往往选取一所或几所高校为样本，采取调查问卷的方式实证分析特定高校的辅导员工作情况。这样的研究往往不系统、不全面、不具有代表性，但目前又不能对辅导员工作情况进行指标量化而采用大数据分析。鉴于此，本节仅对我国高校辅导员工作成效或质量的理论研究和实践情况作一个简要综述，以供读者参考。

一、理论研究情况

通过在“中国知网”检索关键词“辅导员工作成效”“辅导员工作质量”

① 李思雨. 高校辅导员工作成效研究［D］. 重庆：西南大学，2018.

"辅导员工作实效"，共计检索出 496 篇学术论文①，其中学术期刊 415 篇、硕士论文 63 篇、博士论文 18 篇。通过系统分析，发现这些论文的研究内容主要涉及以下三个方面。

1. **辅导员工作成效的本体论**

研究者围绕辅导员工作成效的概念、内涵、理论基础、结构、评估体系建立、影响因素、质量管理、域外高校学生事务管理的比较考察等展开研究。最具代表性的文章是西南大学李思雨博士学位论文《高校辅导员工作成效研究》、华东师范大学吴敏博士学位论文《高校辅导员工作质量研究》，较为系统全面地从理论上界定了辅导员工作成效的含义、结构，从实践上考察了我国高校辅导员工作质量管理现状、管理工具，并为评估体系、质量管理体系、专业化标准体系等制度的搭建提出了有益见解。

2. **辅导员工作成效的运行论**

研究者围绕辅导员工作成效的影响因素、外部环境、管理程序、工作模块、人才队伍建设等方面展开研究。其中，关于辅导员工作激励、职业能力培养的研究较多，其他研究相对较少。

3. **辅导员工作成效的效果论**

研究者从思政教育情况、管理育人情况、就业指导情况、工作创新情况、工作绩效考核情况、学生满意情况等多方面，选择特定目标院校，多采用问卷调查和访谈的方法进行实证研究。这些研究发现问题、分析原因，为提升工作实效而提出完善建议，能在一定程度上反映我国高校辅导员工作的成效情况和问题。

通过对以上文献的梳理，我们可以对高校辅导员工作成效在理论上有较为清晰的认识。

内涵上，高校辅导员工作成效与其工作过程、工作对象、工作价值、工作内容、工作素质并列，共同构成了高校辅导员工作体系，并非简单地理解为是对高校辅导员工作成果的评估。它是辅导员工作系统中的一个子系统。

结构上，高校辅导员工作成效至少有三个层次的效果体现：①直接成效，是指高校辅导员对大学生开展意识形态教育和素质提升教育，其成长成才效果。②间接成效，是指高校辅导员通过工作获取到知识、情感、能力和素质等方面的发展，能对辅导员自身和辅导员群体开展工作、学习生活以及服务社会产生正向推动效果。③溢出成效，是指高校辅导员通过工作对社会产生的正面

---

① 数据检索时间截至 2023 年 5 月 24 日。

影响。这三层效果分别从大学生、辅导员自身、社会三个维度进行区分，各自的评价标准不一。

运行上，高校辅导员工作成效在外部涉及其他子系统的衔接协调，在内部涉及各项工作机制、队伍建设机制的搭建，且受到各种影响因素制约。目前，影响辅导员工作成效的因素较多，但都离不开工作主体、工作对象、工作环境、工作方式、工作内容、工作机制等指标范畴，例如辅导员自身职业胜任能力、职业发展动力、职业倦怠情况，工作内容的复杂程度、工作内外部环境影响等。

效果评估上，高校辅导员工作成效最核心的体系建构是评价体系或质量管理体系，涉及评估标准的确立、考核评估办法的设计、效果反馈及整改、质量控制机制等多项内容。这是高校辅导员工作成效系统建构的重点和难点，需要有充分的理论依据和现实依据来科学制定。

可见，要形成完整的高校辅导员工作成效系统是一项复杂工程，绝不能简单地评价“有效、无效、低效”，也不能仅从某一方面或学生满意与否进行问卷调查就可简单评价特定高校辅导员工作成效。它不仅具有特定性、复杂性，还具有系统性、阶段性和长期性的特点。

二、实务运行情况

实践中，学者对高校辅导员工作成效的评估囿于实证资料的不足，多采取问卷调查和访谈的方式，针对辅导员、大学生进行调查分析。在问卷调查的设计上，选择辅导员个人信息情况、日常工作情况、培训学习情况、过程管理情况、职业认同情况、学生满意情况等问题进行设问、评价。这种研究方式可在一定程度上反映特定高校辅导员工作情况和效果，指出部分问题，具有一定的参考价值。

高校内部对辅导员工作成效的评估主要是通过绩效考核体系加以实现。该体系以教育部第 43 号令（《普通高等学校辅导员队伍建设规定》）的工作职责和工作要求等为主要内容，参照教育部《高等学校辅导员职业能力标准（暂行）》，主要包括“德、能、勤、绩、廉、学”6 个方面要求。[①] 其中，工作成

① 刘枭．高校辅导员绩效考核体系构建研究［J］．吉林省教育学院学报，2019，35（12）：56—59.

效的评估主要在“绩”中进行考核，其他要求的考核主要是对辅导员品德修养、职业能力、学习能力等个人情况的评价。各高校在“绩”的考核内容设置上各有不同，但都基本包括以下内容。

（1）思想政治教育的效果：学生的思想觉悟、精神面貌、道德品质、骨干培养及学生理想信念教育管理工作的成果。

（2）日常管理的效果：各级各类评奖评优、学生党员的培养发展、特殊群体关注以及学生奖助政策的落实情况。

（3）学风建设的效果：调查和分析学生的学习状况，开展学风调研，做好考研学生与学习困难学生的指导与服务，积极引导学生参加外语及各类学科竞赛，开展课外科技文化活动情况，检查学生上课出勤和自习情况，开展学籍处理等情况。

（4）基础文明的效果：学生能遵守校规校纪，在公共场合遵守行为规范。

（5）典型培养的情况：学生获各级先进集体、先进个人的情况。

（6）将学校布置的工作抓好落实，创新开展特色工作。

在考核方法上，常采取等级评估法、小组评价法、360 度考核法、序列比较法及相对比较法等。① 在辅导员年度绩效考核上，该工作由学校党委统一领导，由学生工作部牵头，会同组织部、人事处等有关职能部门和各学院共同组织实施。学校成立辅导员考核领导小组，各学院成立相应的辅导员考核工作小组，校、院两级共同组织，双重权重赋分，进行定性评价和定量评价。定性评价指标包括学生评价、本学院党总支副书记评价和辅导员互评；定量评价指标主要依据职能部门评价、学风建设、网络思想政治教育等方面的工作实绩。然后根据辅导员个人得分情况，得到“优秀、良好、合格、不合格”的考核结果。在辅导员职业能力评定考核上，教育部于 2014 年颁发的《高等学校辅导员职业能力标准（暂行）》规定了“初、中、高”三个等级的职业能力标准并根据各版块工作详细规定了认定标准。各高校在此基础上，制定各自的实施办法或工作机制。因此，除年度绩效考核以外，辅导员工作到一定年限还要根据平时的工作情况进行职业能力评定。这样组成的评价体系基本上是我国高校考核辅导工作成效的主流做法，甚至是唯一的质量控制方式，在一定程度上规范和推动了高校辅导员工作。

可见，当前各高校对辅导员工作成效的评估并未建立起独立的评估体系，

---

① 王艳杰．辅导员工作质量考核评价体系研究［J］．软件导刊（教育技术），2016，15（7）：43－44．

仅依托现有的绩效管理体系进行评价。但这种评估方式有很大局限：首先，它在实践中往往作为辅导员奖惩的工具，重结果奖惩、轻问题改进，对辅导员工作本身的改进提升作用不强、不直接。其次，它缺乏与工作对象、工作过程等子系统的衔接，评估指标设置较窄，没有将人才队伍建设、过程控制等内容纳入考核范围，以致评估结果局限、不全面，不能反映整个高校辅导员工作成效。最后，该绩效管理体系的功能有限，不能代替辅导员工作成效体系，两者创设出发点或目的不同。前者多出于管理辅导员的目的，着眼于辅导员个人的工作情况考核，评估结果仅能代表辅导员个人工作情况；后者则是将辅导员工作成效作为研究对象，以规范和提升辅导员工作实效为目的，重在发现问题、改进问题，制度搭建注重与其他子系统衔接和体系合力。此外，该绩效管理体系在实践中存在走过场、指标设置不合理、考核结果有偏差等问题，并未发挥其应有功能，对辅导员工作成效的提升作用更是微乎其微。因此，我国高校在未来有必要建立起独立的辅导员工作成效体系，着眼于工作实效的提升，从对辅导员个人的管理转向对辅导员工作的管理。

第三节　高校辅导员专职化建设情况

专职化是指某一职业具有自己独特的职业要求和职业条件，有专门的培养制度和管理制度。现代高等教育的发展，要求辅导员的工作向专业化、职业化发展，辅导员的角色要从事务型向学习型转变，从经验型向专家型转变。在此过程中，辅导员要充分发挥个体的主动性和创造性，确定自身的职业发展方向，明确岗位的职位责权、绩效评估标准、等级的划分和晋升发展路径后，激励自身不断提高素质技能，走专职化发展的道路。

一、取得的成绩

进入 21 世纪，国家围绕辅导员队伍政治素养、职业能力、学习能力的提升做出了诸多改革努力，以增强高校辅导员专业化和职业化水平，从整体上提升辅导员队伍工作能力。经历十多年的发展，我国高校辅导员专职化建设取得了明显成绩。

（一）人才培养机制日渐成熟

为贯彻落实科教兴国和教育现代化的战略部署，党中央、国务院一直高度重视辅导员的培养培训工作，教育部分阶段出台了《普通高等学校辅导员培训规划（2006—2010）》《普通高等学校辅导员培训规划（2013—2017）》《普通高等学校辅导员队伍建设规定》，构建起国家、省、高校三级辅导员培训体系。教育部设立高等学校辅导员培训和研修基地，开展国家级示范培训。省级教育主管部门根据区域内现有高等学校辅导员规模数量设立辅导员培训专项经费，建立辅导员培训和研修基地，承担所在区域内高等学校辅导员的岗前培训、日常培训和骨干培训。高等学校负责对本校辅导员的系统培训，确保每名专职辅导员每年参加不少于 1 个学时的校级培训，每 5 年参加 1 次国家级或省级培训。

经历十多年的实践发展，该培训体系取得了显著成绩：①培训规模稳步提升。国家级骨干示范培训 5 年达到 1 万人次，省级培训 5 年内实现轮训一遍，校级培训实现全员化、全覆盖要求。②培训质量显著提高。符合辅导员职业特点、成长规律、发展需求的辅导员能力标准基本建立，培训课程体系更加规范完备，学历提升、社会实践、国内交流、海外研修等培训项目更加丰富，培训方式创新不断深入，培训评估制度更加成熟完善。③培训基础能力建设不断加强。优质培训资源得到高效利用，网络培训平台和资源建设不断加强，培训基地功能进一步发挥，师资队伍水平显著提高，持续有效的经费投入机制建立健全，保障更加有力。④培训内容更加丰富全面。开展以马克思主义基本理论和党的创新理论教育、形势与政策教育为主的思想政治理论教育，以职业道德素质提升、科学文化素质提升、思想政治教育专业素质提升为主的专业素养提升，以思想政治教育基本能力培训、大学生党建工作培训、学生事务管理培训、心理健康教育培训、运用网络能力培训、职业生涯规划培训为主的职业能力培养。

同时，各地高校也努力建立和完善分层次、多渠道、多形式、重实效的辅导员培训工作格局，部分省市出台了辅导员年培训规划，年内所有的辅导员轮训一遍。例如，上海市按照区域陆续建立起市级辅导员培训基地和心理健康教育咨询中心，初步建立起市级辅导员培训基地和高校两个层次分层递进，岗前培训、日常培训、专题培训、职业化培训四种类横向贯通，融教学、科研、实践交流三位一体的高校辅导员培训体系。

通过国家和地方高校两个层面的多年实践，我国高校辅导员人才培养机制基本成熟，为辅导员个人职业素养和能力的提升起到了推动作用。

（二）队伍管理机制日渐成熟

目前，全国各高校普遍采取的管理机制基本上实行学校和院系两级管理机制。学校党委统一规划辅导员队伍建设工作，党委学生工作部门负责具体实施，院系负责做好辅导员的日常培养、培训、管理和考核等工作。

此外，各地教育部门和高等学校制定了一些促进辅导员工作和发展的政策，来加强辅导员队伍建设的保障。为完善辅导员激励和考核制度，很多学校将辅导员的奖励纳入了专业教师的表彰体系中，按一定的比例评选，统一表彰。例如，上海海事大学把辅导员队伍建设纳入了学校 ISO9001 管理体系认证的指标体系中，进一步规范管理。

（三）队伍发展机制基本明确

许多政治素质过硬、业务能力强的辅导员，立志于把辅导员工作作为一项事业长期发展。因此在对辅导员专业化建设方面，不仅要对辅导员严格管理，更要精心培育，提供一个良好的专业化发展平台。《普通高等学校辅导员队伍建设规定》明确规定，辅导员作为教师和管理干部的双重身份，拥有专职辅导员职务职级“双线晋升”路径。

很多高校认真制定辅导员发展规划，关心辅导员的成长，并切实抓好辅导员队伍相关政策的落实，为辅导员创造优越条件，积极搭建辅导员发挥作用的平台，调动广大辅导员的工作热情和积极性。把辅导员队伍作为党政后备干部培养和选拔的重要来源，根据工作需要，向校内管理工作岗位输送或者向地方部门推荐。也有不少高校已有多位辅导员获得高级专业技术职称，不少高校已将辅导员正式纳入教师系列评定职称，并按照一定比例设置教授岗和副教授岗，有的高校有大批的辅导员成长为学校的中层骨干人员，不少高校已形成了辅导员职级及专业技术职务发展序列。

（四）辅导员地位与待遇相对提高

“高校辅导员的地位和认可度已经成为衡量高校辅导员队伍建设发展水平的一个重要指标。”[①] 曾经很多人认为辅导员是谁都可以干的工作、层次不高、

---

① 冯刚. 走进英国高校学生事务管理［M］. 北京：中国人民大学出版社，2010.

可有可无，辅导员职业也得不到社会的理解和尊重，社会认可度不高。辅导员工作任务繁重、工作量庞大、休息时间少。如不提高他们的政治、经济地位，必然会影响辅导员队伍的稳定性。

目前，很多高校已经认识到了这一点并制定了相关政策，为辅导员的工作提供良好的政策环境，将辅导员明确纳入教师编制，并从职称、工资待遇、住房补贴等各个方面予以倾斜。设立岗位津贴，根据量化标准与实际情况，对辅导员在实际工作中的无形支出给予适当补偿。从调研的情况来看，高校辅导员的自我认可度和社会认可度已有比较明显的提升，说明近年来从党中央、教育部到各高校对辅导员队伍建设工作的重视大力地推进了辅导员的发展，其成效已经逐渐展现出来。

（五）人员选配机制不断完善

辅导员的素质直接影响到学生思想政治教育的质量和工作水平，只有进一步完善辅导员的选配机制，以公开招聘为主要选拔方式，把德才兼备、热爱学生事业的人员选拔到辅导员队伍中来，才有利于形成一支相对稳定、数量充足、结构合理、素质优良的辅导员队伍。[①]

《普通高等学校辅导员队伍建设规定》第三章“选聘和配备”明确规定，各高校按照师生比不低于1∶200的比例设置专职辅导员岗位，采取专职为主、专兼结合的方式选聘辅导员。不少高校已根据实际工作需要，比较合理、科学地按中央要求配备了足够数量的辅导员。总体而言基本达到了规定的比例，尽量保证每个院、系的每个年级都有一定数量的专职辅导员。现行的高校辅导员选聘工作制度是在校党委的统一领导下，采取组织推荐和向社会公开招聘相结合的方式进行。同时也能够注意到在保证数量的前提下，尽量做到优化结构，提高辅导员的工作能力和水平。现阶段辅导员的选聘途径主要采取“公开招聘选拔”“优秀毕业生留用”和“在读研究生兼任”三种方式相结合，说明目前高校辅导员的选聘机制比较公平、公正。

二、存在的不足

虽然取得了以上成绩，但高校辅导员工作依然存在一些问题。

---

① 朱正昌. 高校辅导员队伍建设［M］. 北京：人民出版社，2010.

（一）实际工作职责泛化

结合前文，辅导员工作主要涉及九大项三方面工作内容，即学生思想政治教育、学生事务管理、学生发展指导。一般而言，学生的思想政治教育包括思想教育、政治教育、道德教育、心理教育等。学生事务管理包括从学生入学到离校整个在校阶段的各项事务管理，如招生、档案管理、班级建设、奖惩处理、党团活动等。学生发展指导包括学生能力的培养、就业指导、生涯规划等。

可见，辅导员的职责范围宽泛而外延模糊，工作内容超出职责范围的现象比较严重。不少辅导员仅凭着良好的政治素质和学生干部时代积累的工作经验在辛勤地工作着。从辅导员实际承担的工作来看，许多非本职工作，如学校里的宣传活动、招生工作，甚至是拆迁工作等后勤服务工作都落到了辅导员身上。在人员不足的时候，辅导员还要承担一部分教务工作甚至是教学工作。据调查显示，随着大学生规模的扩大，当前辅导员工作面临的事多人少的矛盾突出，辅导员往往深陷事务性工作之中，面临相当大的生活压力和工作压力。这些情况都导致辅导员工作定位不明、工作职责不清、工作内容泛化，影响了辅导员队伍的健康、可持续发展。未来，我国高校可考虑采用购买社会服务的方式分担大学生的管理服务工作。

（二）人员专业吻合度低

近年来，辅导员人才选聘的学历层次从早期的本科生上升到研究生层次。但从整体的情况来看，专业化发展仍然比较缓慢，辅导员的专业水平有待提升，具体表现为：①队伍知识结构不合理。辅导员队伍中人员知识背景多以政治学、教育学、管理学为主，法学、心理学、计算机类专业背景人才占比较少。②人员专业不对口。一方面，人员职业准入看重学历，不看重专业；另一方面，不同专业知识背景的人才被闲置或用作他途，未给予施展才华的平台。同时，辅导员与被辅导的学生在理论上应该专业相近或一致，但实际工作两者的专业相差甚远，很难从学业上、情感上做到有针对性的辅导。③业务能力不强。思想政治教育工作流于表面、思想懈怠，学生服务意识较差，难以感同身受，业务基本技能和规范掌握不清楚。

目前辅导员队伍中有相当一部分是选留的本校优秀的毕业生，他们一般为专业学习的佼佼者，但却缺乏基础的思想政治教育学、心理学、高等教育学、法学等社会学科和教育管理学科方面的理论知识，缺少必要的科学管理知识、思想政治教育和新技术运用技能。此外，由于学生日常事务占据了辅导员的绝大部分时间，导致部分辅导员已经放松了对政治理论的学习，对国际国内大事缺乏深刻的了解，对党中央的文件及精神学习得不够。加之，对辅导员队伍的发展激励机制不健全，辅导员职业认同不高，使得辅导员群体工作积极性不高，个人能力提升的热情不足，对待工作往往力不从心。

（三）基础培训工作薄弱

在各高校的实际工作中，很多高校对辅导员的培训力度，特别是高校自身的基础培训工作是远远不够的。大部分高校缺少有针对性的、操作性强的，能够补充新理念、新知识和新技能的培训；在培训教材、培训师资力量和培训发展规划上有较大的缺口。当辅导员意识到自身缺乏相关理论知识和业务知识时，只能通过自觉的自学、自修从而达到自我的提高。

目前辅导员的培养与培训的主要问题是“没有系统的课程体系”“没有固定的师资队伍”“缺乏统一的有实际效果的教材”。由此可见，课程体系、教材和师资是完善辅导员培养培训亟待解决的问题。此外，形成浓厚的专业发展氛围对辅导员的专业发展也具有积极的影响。专业组织和协会培养和造就专业人才方面发挥着极其重要的作用。目前，国内专业组织和协会的发展还处在起步阶段，对全国整个辅导员队伍的提升作用还具有一定的局限性。

（四）职业准入考察偏差

在职业准入方面，高校辅导员队伍的职业准入规范应该具备较高的思想政治觉悟和与辅导员工作相适应的专业知识背景、职业素养和职业能力。但在实际操作中，不少高校在选聘辅导员时只注重他们是否为共产党员或预备党员，是否为“双一流”“211/985”高校毕业的学历要求，有的甚至要求已婚已育或具有文艺特长等。然后对他们进行简单的岗前培训后，就认定为达到辅导员的准入标准。至于专业是否相符、是否具备辅导员的工作能力、是否热爱学生工作，给予的考虑较少。

在职业规范方面，辅导员职业资格认证尚处于起步阶段，职业资格标准建设有待进一步加强。高校辅导员作为一门专业性很强的职业，应努力实行全国统一的辅导员资格考试制度和新聘辅导员持证上岗制度。辅导员资格证书考试应综合考察应试者是否具备从事辅导员工作的基本道德素质，是否具备从事学生事务管理和学生发展指导的专业知识，是否具有解决学生工作实际问题和特别突发情况的实际能力。

（五）支撑保障体系不健全

辅导员队伍建设的支撑保障体系包括政策的制度支撑、专业学科支撑、工作上的具体支撑等多个方面。有些高校的辅导员队伍建设的政策措施还没有落实完善，部分高校缺乏辅导员队伍建设的配套管理和保障机制，辅导员在学习深造、职务晋升、条件保障等方面与专业课教师相比还存在着一定的差距。辅导员的经济待遇、政治待遇、社会地位以及其他一系列保障措施落实得还不够到位，对落实中出现的问题认识得还不够深刻，辅导员个人职业预期及自我实现的需求与现实还存在着比较大的距离。

在支持辅导员发展的学科学位点和专业建设方面还应继续加大建设力度，辅导员工作依托的主要学科要在充分考虑到辅导员思想政治教育、学生发展指导和学生事务管理三大主要工作内容的前提下继续优化组合，形成强大的合力，切实推进辅导员工作的学科专业建设。此外，经费保障是辅导员队伍建设支撑保障体系的重要环节。但很多高校每年专门为辅导员队伍设立科研项目经费的投入是极为有限的，难以满足高校辅导员的科研需要。

综上，虽然我国在高校辅导员能力建设上取得了长足进步，但还存在诸多普遍问题亟待解决，未来进一步深化高校辅导员能力建设依然任重道远。

第六章　高校辅导员工作的创新探索

内容提要：当前，高校辅导员工作面临受边缘化错误思想影响，常陷于日常事务，人员结构不够合理，知识结构不够完备等问题，这些问题严重制约着辅导员工作发展。但辅导员工作的神圣职责、价值体验和发展空间也激励着辅导员队伍迫切希望创新，革新工作理念、创新工作方法、加强队伍建设是当下创新的可行路径。

第一节　高校辅导员工作创新面临的问题

教育部颁布的《关于加强高等学校辅导员、班主任队伍建设的意见》指出：辅导员、班主任是高等学校教师队伍的重要组成部分，是高等学校从事德育工作，开展大学生思想政治教育的骨干力量，是大学生健康成长的指导者和引路人。在看到“辅导员工作大有作为”的同时，也应注意到当前还存在不少的问题。

一、受边缘化错误思想影响而不利于工作积极性的提升

随着我国实施科教兴国战略和高等教育改革的不断深入，社会对大学教师的认可度越来越高。2004 年，中共中央、国务院印发的《关于进一步加强和

改进大学生思想政治教育的意见》明确指出辅导员、班主任在高校教师队伍中的重要地位。然而在实际工作中，因为各种各样的原因特别是受社会上不良思想影响，部分辅导员对自身定位认识不清晰，甚至出现了偏差和错位。一直以来，在以教学和科研为中心的大学校园里，辅导员工作主要是在处理学生的日常事务，没有更多的时间和精力从事深层次的教学、科研工作。在网上流传着“学生都是高才生，辅导员‘讲师’过一生”之类的话语，还有人说辅导员是“说起来重要，使用起来很重要，没事的时候不重要”。这些不良言论错误地对辅导员给以边缘化、庸俗化的定位，极大地影响了不少辅导员工作的积极性，限制了辅导员工作的创新。

二、陷于日常事务而不利于工作水平的提高

创新需要思考，思考需要积累。而现实中辅导员常常陷入事务性工作当中，花在学习和思考上的时间和精力并不多。“两眼一睁，忙到熄灯，整天劳累，身心疲惫”已成为一些辅导员的形象写照。频繁的文体比赛，各种检查、评比以及阶段性工作都需要亲力亲为，只要与学生沾边的事情都要去抓、去管，许多辅导员很少有精力能认认真真地思考和研究教育对象的心理特点及其在不同时期的需要，自觉或不自觉地放松学习，导致了理论水平不高，知识日趋陈旧，对学生的一些政治思想问题不能给予更好的解决。不少辅导员陷于琐碎的事务中而难以提升工作的意义与境界，严重阻碍了工作水平的提高。

三、人员结构不够合理而不利于工作创新的开展

目前的高校辅导员是一支以年轻人为主体的队伍，他们精力充沛，敢于开拓，容易与青年学生达成情感共鸣，对做好工作有很多便利。但同时，这支队伍存在数量不足、专业及年龄结构不够合理、经验缺乏、专业化程度不高、流动性大等问题。年轻辅导员常常由于理论功底不深，又缺乏富有经验的老同志传、帮、带，不利于辅导员工作的创新。

四、知识结构不完备而不利于专业化管理的推进

近年来，高校辅导员的选留都比较倾向于德才兼备、品学兼优、工作能力强的毕业生，但对其专业背景与学生工作的内在联系考虑不多。辅导员既需要与学生相近的专业背景，更需要有对高校思想政治教育工作规律及特点较为全面、系统的理解和掌握，如果不具备相应的思想政治教育学、心理学、社会学和管理学等学科的基本理论修养，工作时往往会显得力不从心、捉襟见肘，更不要说工作创新了。

第二节　高校辅导员工作创新的动力

创新是思想政治工作的“源头活水”，高校思想政治工作的生命力在于创新。高校辅导员处在高等教育第一线，是高校思想政治工作的主体和基石，辅导员工作的生命力同样在于创新。随着高等教育事业的不断发展和学生价值观的多样化和复杂化，高校辅导员的“三全育人”作用越来越凸显，各界对辅导员队伍的期待也日益提高。因此，分析研究辅导员工作创新的动力，对于创建创新型辅导员队伍有着重要的意义。

一、高校辅导员工作创新的内在动力

辅导员作为大学生思想政治教育工作的主体，其创新的内在动力既来自辅导员工作的神圣使命感，个人价值实现的成就感、荣誉感、自豪感和被尊重感，又来自创新增强了自己在社会中的竞争力而带来的物质利益的满足感等。创新的内在动力来自先天的遗传因素和主观的个人努力，创新的内在动力在一定条件下可以被强化，也可以被削弱或阻止。当通过努力产生了创新的结果，由此而带来了满足自己精神和物质需要的时候，内在动力就会得到强化。相反，当创新屡屡受挫，付出得不到相应的回报，努力付诸东流，内在动力就会

受到削弱或阻止，泯灭其创新的积极性。因此激发辅导员工作创新的内在动力就成为高校学生工作能否开拓创新的关键。

（一）辅导员工作的神圣职责，激发了辅导员的使命感

人们对社会现实和自己从事的事业，如果没有深厚的感情，就不会产生为之奋斗的需求和动力。辅导员工作的积极性、工作创新的动力首先源自自身对辅导员工作的感情，源于学生对辅导员的期待。大学生希望辅导员能够成为自己的“师长和知心朋友”，能够在学习、工作、生活等方面给予必要的“引导”和“指导”，在政治、思想、道德、心理等方面及时给予“帮助和激励”，在遇到苦难时能成为学生的“参谋”，成为学生全面发展的“引路人”。辅导员工作最大的特点是“传道、授业、解惑”集一人，“管理、教育、服务”集一身。他们向学生传文明之道、授立身之业、解人生之惑，他们是学生日常事务的管理者、思想政治的教育者、成长成才的服务者。这份职责不断激发着辅导员的使命感，促使辅导员不敢懈怠，不断加强工作创新，抓住学生的心理需要，注重人文关怀和心理疏导，肩负起这一份沉甸甸的使命。

（二）辅导员工作的价值体验，激发了辅导员的成就感

推崇个人价值的实现，尊重个人选择与个体自由。马斯洛需要层次理论（Maslow's Hierarchy of Needs）认为：人类有 5 项最基本的需要，按照重要性先后次序依次为生理的需要、安全需要、感情需要、尊重需要、自我实现需要。5 种需要如同阶梯，一个层次的需要相对满足了就会向高一层次发展。自我实现的需要，即价值体验是最高层次的需要，也是激发个人积极向上的原动力。追求价值体验是人对挑战性工作及事业成就的追求，会引起人的快感，振奋人的精神。追求价值体验的成就感是个人对自己认为重要或者有价值的工作认真完成后而达到理想境界的一种内在推动力量，它作为一种稳定的人格特征表现为一个人事业心、责任感、进取精神以及自我实现的需要等外在形式，是激励自我成就感和上进心的心理机制。辅导员作为高校思想政治教育战线的基层力量，在管理育人、服务育人、保障高校正常运转、维护安定团结的政治局面等方面起到了重要的作用，工作的社会价值是显而易见的。高校辅导员大多风华正茂，渴望在自己的工作岗位上尽快有所成就，以实现自己的人生价值，品尝成功的喜悦。由此可见，高校辅导员的价值体验是直接推动辅导员进行工作创新的内部动力（原动力），是辅导员工作动力系统中的最高境界，是激发工作积极性的最直接因素。

（三）辅导员工作的发展空间，激发了辅导员的进取心

辅导员是高校思想政治工作的基层工作者，是高校育人工作的骨干力量之一，从某种意义上说，辅导员是高校高素质业务骨干和党政管理干部的重要后备来源。实践也证明，很多人经过辅导员工作的锻炼逐步成长起来，其中出现许多高校领导干部、学术大师、兴业之士、治国栋梁。事实告诉我们，辅导员岗位是有机会培养出拔尖人才的。教育部《关于加强高等学校辅导员、班主任队伍建设的意见》指出，高校辅导员具有双重身份，既是教师，又是管理干部。既可以教师身份评聘思想政治教育学科或其他相关学科的专业技术职务，也可以管理干部身份晋升相应的行政职务或享受相应的待遇。同时也充分考虑到了辅导员的“出口关”：鼓励和支持一批骨干攻读相关学位和进行业务进修，长期从事辅导员工作，向职业化、专家化方向发展。根据本人的条件和志向，也可向教学、科研工作岗位输送，并将专职辅导员队伍作为党政后备干部培养和选拔的重要来源，根据工作需要，向校内管理工作岗位输送或向地方组织部门推荐。高校选拔党政领导干部，专职辅导员的履职经历可谓锦上添花。以上这些举措无疑是给高校辅导员吃了颗“定心丸”，广大的发展空间，极大地激发了辅导员的进取心，增强了辅导员工作创新的动力。

二、高校辅导员工作创新的外在动力

高校辅导员工作是一项复杂的系统工作，国家政策的重视、高校育人的要求和大学生自身的变化等因素都广泛而深刻地影响着辅导员的工作，也正是这些因素，构成了辅导员工作的外在动力。

（一）国家对辅导员工作日益重视，提高了工作创新的积极性

党和国家一直高度重视辅导员队伍建设工作。2014 年，为提升辅导员职业地位和职业公信力、强化辅导员队伍建设，教育部颁布《高等学校辅导员职业能力标准（暂行）》，明确了辅导员职业定义、职业等级、职业知识等内容。2017 年 9 月，教育部又颁布《普通高等学校辅导员队伍建设规定》，其中第 2、3 条明确：“辅导员是开展大学生思想政治教育的骨干力量，是高等学校学生日常思想政治教育和管理工作的组织者、实施者、指导者……高等学校要坚持把立德树人作为中心环节，把辅导员队伍建设作为教师队伍和管理队伍建设的

重要内容，整体规划、统筹安排，不断提高队伍的专业水平和职业能力，保证辅导员工作有条件、干事有平台、待遇有保障、发展有空间。”

这两个文件为高校辅导员的职业发展奠定了基础，此后，各类指导意见、实施办法相继出台，这为辅导员工作的进一步规范开展铺平了道路。这些无不反映了国家对辅导员工作的重视，辅导员职业地位和待遇的提升、从业环境的改善、发展路径的清晰，必将激发辅导员工作创新的积极性。

（二）学生思想社会化日益凸显，激发了辅导员勇于创新的干劲

当前，我国改革开放进入了一个非常关键的时期，经济体制、社会结构、利益格局、思想观念等都发生了深刻变化。历史和现实的、本土和外来的、进步和落后的、积极和颓废的各种思想文化相互交织碰撞，对大学生形成了很大的影响和严峻的考验。现实社会中各种不良倾向和社会思潮以各种方式渗透到高校校园中来，影响着大学生的世界观、人生观、价值观，从而使大学生的价值观念呈现出日益多样化和复杂化的趋势。社会环境的影响使得学生思想高度社会化。大学生思想活动的独立性、选择性、多变性和差异性明显增强，但责任意识、实践能力、参与意识、辨别能力、集体观念和承受能力相对较弱，这给高校思想政治工作带来了重重压力和挑战，极大地增加了辅导员工作的难度。许多辅导员感到随着时代的发展，自己本身需要学习的东西太多了，为了能够帮助大学生解决某些思想问题，有效地开展工作，就必须不断学习、与时俱进、锐意进取。由此可见，学生思想社会化日益凸显，在加大了辅导员工作难度的同时，也极大地激发了辅导员克服困难、勇于创新的干劲。

（三）辅导员工作竞争压力使辅导员创新的紧迫感增强

随着大学生群体的变化，高校对辅导员的要求日益提高。一是辅导员的“入口关”更加严格。许多高校在辅导员建设上严把“入口关”，要求辅导员具有思想政治教育学、伦理学、管理学、心理学、教育学等专业的硕士、博士学位，关心热爱学生，善于做大学生思想政治工作，具备较强的组织管理能力、群众工作能力以及语言和文字表达能力。二是辅导员向“专家化、专业化”方向发展。大学生思想政治教育面临的诸多新课题，客观上需要专业化、专家化辅导员队伍。因高校扩招，辅导员队伍补充了一大批新鲜血液，活力大为增强，同时也在客观上加剧了辅导员个体之间的竞争。辅导员工作创新的紧迫感更加强烈，工作不创新就意味着要被淘汰。这要求辅导员要有知识、有水平、重研究、重探索、重创新，增强思想政治工作的知识含量、针对性和创造性；

同时也要求辅导员必须具备核心能力，应当实现向学习型、能力型、科研型的转变，以增强工作的前瞻性、有效性和时代性；更要求辅导员必须从自身建设出发，提升专业知识技能、实现专业自主、提高教育管理水平，以实力改变被动状态。进一步加强和改进大学生思想政治教育工作，提高高校思想政治教育工作的实效性、针对性，必须打造一支高素质、专业化的辅导员队伍，不断提高辅导员工作的创新能力。对辅导员工作创新动力的分析使我们认识到：一方面，辅导员工作创新外部动力发挥作用的前提是内在原动力的激发。没有原动力的激发，外部动力就不能发挥作用。另一方面，外在环境为辅导员的工作创新提供了条件，搭建了舞台，对辅导员创新起到了促进作用。因此，要提高辅导员工作创新能力，必须建立辅导员工作创新体系。这个体系的作用，一是要保证选拔具有较强创新原动力的辅导员，二是要保证激发辅导员工作创新的原动力，三是要为辅导员工作创新能力的提高提供良好的条件。

第三节　高校辅导员工作理念的革新

新时代，面临更加复杂的外部环境和更高的时代要求，高校辅导员必须在提高自身工作积极性的同时，进一步转变传统工作理念，方可开启工作创新的大门。可以说，工作理念对于工作的良好开展及工作效率的提高具有决定性作用，理念的革新是方法创新的“钥匙”。在教育加快现代化的形势下，高校辅导员应当充分吸收新的工作理念，在思想上进行转变。

一、民主柔性的管理理念

与以往高校“以规章制度为中心”的刚性管理不同，柔性管理在本质上是一种“以人为中心”的“人性化管理”，它在研究人的心理和行为规律的基础上，采用非强制性方式，在学生心目中产生一种潜在说服力，从而把组织意志变为个人的自觉行动。虽然柔性管理相对刚性管理花费的时间更长，但柔性管理却是一种适用于长期管理的方式，可以从本质上避免刚性管理的短效性。

辅导员的工作职责是对大学生进行管理，以推动其素质的全面提高。为了发掘学生的潜能，发展学生的个性，辅导员工作应引入“柔性管理”理念，充分发挥民主。首先，应制定岗位柔性管理方案。高校针对高校辅导员岗位实形柔性管理可以提升岗位自身的灵活性以及工作效率，促使高校辅导员发挥自身的专业特长，结合当前学生的实际情况以进行更加细化且专业化的管理。制定与岗位要求、高校辅导员职业规划目标相符的发展方向，在给予高校辅导员岗位发展以及晋升空间的基础上针对不同的辅导员采取不同的级别划分。其次，可以加强高校辅导员工作内容的柔性管理。由于辅导员的工作内容较为琐碎，因此要以辅导员工作的心理需求以及时间分配为基础，制订具有个人特色的工作管理模式，在保障高校辅导员获得充分工作实践的基础上，有效进行自我提升，完善高校辅导员的自我管理，将原有的由管理层直接监督，变为借由小组模式完成一个科室或者一个系（部）彼此之间的监督管理，落实集体名义的考核，从而提升每个高校辅导员参与工作的积极性。最后，要落实绩效评估的柔性管理。由于辅导员工作的评估是动态化、可持续化且具有双相沟通意味的，因此要全面评估高校辅导员就需要建立一个完善的评估体系，以德行、能力、勤奋程度、绩效成绩以及廉洁规范进行全面考核，针对高校辅导员自身的工作能力以及最终成效评估当前高校辅导员的绩效，实现动态化、柔性化的师资力量管理。

二、三全育人的教育理念

习近平总书记在全国高校思想政治工作会议上指出，要坚持把立德树人作为中心环节，把思想政治工作贯穿教育教学全过程，实现全程育人、全方位育人，努力开创我国高等教育事业发展新局面。中共中央、国务院印发的《关于加强和改进新形势下高校思想政治工作的意见》明确提出，要坚持全员、全过程、全方位育人（以下简称“三全育人”）。辅导员作为大学生思想政治教育和管理工作的骨干力量，认真学习领会习近平总书记有关重要讲话精神，在工作中深入贯彻“三全育人”教育理念是题中应有之意。

“三全育人”，即全员、全程、全方位育人，其要素分别是人员、时间、空间。辅导员在“三全育人”中的主导作用主要是通过以下三个方面实现。

第一，整合与协同“全员育人”。在“十大育人”体系中，每一个方面的育人都不是辅导员能够独立承担和完成的。更何况，辅导员队伍整体比较年轻，缺乏丰富的人生经历和经验。“三全育人”为其“借力”创造了良好的环境与条件。辅导员应充分利用这一机遇，更加积极、主动地借用校内外一切力量和资源为学生的健康成长服务。比如，聘请名师大家、优秀校友等为班级导师。辅导员要充分发挥自己了解和熟悉学生的优势，按照班级建设的整体规划，有目的、有计划、有步骤、有针对性地借用校内外与学生需求相匹配的力量与资源，以防止和避免可能出现的“大水漫灌”“一阵风”式的盲目性和一哄而上的形式主义。

第二，将外来“育人”力量和资源“落地生根”。辅导员不仅要主动“借力”，而且要善于“接力”和“续力”，即将一切外来的“育人”力量和资源与学生成长的需求“对接”和“衔接”，并把这些力量和资源转化融合为班集体如“泡菜坛”“发酵池”般可持续的“浸润力”。

第三，对一切“育人”活动配合跟踪并及时反馈。辅导员要充分发挥“全程”陪伴的优势，不仅是将外来的教育力量和资源落地生根，还应持续跟踪并及时反馈这些力量和资源的“育人”效果。跟踪与反馈应是一个连续不断的过程，其重要节点就是当这些力量和资源并没有产生预期的成效时，通过及时反馈，以便做出调整。这是辅导员的优势，同时也因此成为其不可推卸的责任。肯定了辅导员的上述主导作用，就意味着“全员育人”“十大育人”体系所强调的协同，除了围绕党的教育方针和人才培养目标的彼此协同之外，还有辅导员工作之间的相互协同、相互配合，以增强“育人”的针对性和实效性。至于“三全育人”中的“全程”和“全方位”就更离不开辅导员的“落地生根”“持续跟踪”与“及时反馈”了。上述作用对辅导员工作提出了更高、更全面的要求，适应这些要求除了需要辅导员不断提高自己的职业素养和能力外，还需要学校为“三全育人”包括辅导员发挥上述作用创造良好的环境和条件，其中最紧迫的是加大相应的制度安排与供给。

第四节　高校辅导员工作方法的创新

如前文分析，当前辅导员常用的工作方法主要包括谈心教育法、榜样示范教育法、主题教育法、自我教育法、网络谈心法等。这些方法依然在辅导员工作中发挥着重要作用，但在面临学生群体、外部环境的多样性时，有时还会有力不从心之处。因此，新时代对我国高校辅导员的工作方法提出了创新需求。

一、高校辅导员工作方法创新的重要性

（一）我国高校教育的基本要求

我国教育对大学生的要求是与时俱进、不断创新，要培养出具有创新思维的大学生，因此辅导员的工作方法就要具有创新性，才能够感染学生。辅导员的主要工作是对学生进行思想政治教育，创新是做好这项工作的基础。高校辅导员创新性的工作方法，能够使大学生坚定自己的理想信念，在大学期间充分发挥自己的潜力，自觉接受科学文化知识与思想道德修养教育，把自己培养成为高素质人才。辅导员工作方法的创新，有利于加强对学生思想政治教育工作与日常生活、活动的管理，培养学生各方面优秀的素质，促进学生的综合能力全面发展，从而达到我国教育事业对大学生的要求，这也是对辅导员工作的基本要求。

（二）为大学生解决现实问题的必要方式

大学生在学校中的学习生活中总会有一些问题需要辅导员的帮助，尤其是对于刚刚入校的新生，他们刚进入一个新的环境中，难以适应新的生活，中学里的一些学习生活习惯会带入大学，甚至有些新生认为大学就该放松，不需要学习。对于这些学生的思想教育工作，要因人而异，这就体现了辅导员工作方法创新的重要性。此外，对于那些有着考试和工作压力的同学，思想教育辅导也很重要。辅导员具有创新性的工作方法不但能够针对学生遇到的问题提出切实可行的解决方法，还能使得学生更容易接受，消除戒备与排斥的心理，与辅导员拉近距离，从而方便辅导员对学生进行思想教育工作。

（三）辅导员自身工作不断发展的必然要求

在大学生活中，辅导员会参与大学生的学习、生活、社团等活动，辅导员若一直运用那些陈旧的工作方法去解决学生的问题是远远不够的。随着时代的发展，每一届学生都是不同的，辅导员在工作中不能带着同样的心态去看待他们，而是要从每一位学生身上看到他们的不同之处：看到他们的优点在哪里，以便鼓励他们不断前进；看到他们的缺点在哪里，以便鞭策他们走上正确的道路。

二、辅导员工作方法创新的原则

第一，坚持社会主义教育发展方向原则。辅导员的工作直接关系到学生政治思想的发展方向，关系到学生的未来，坚持社会主义教育发展的原则，才能够培养出对社会主义建设有用的人才。

第二，坚持实践检验的原则。实践是检验真理的唯一标准，坚持实践检验原则，才能够让辅导员的工作更有助于学生形成正确的思想道德观念。

第三，坚持具体问题具体分析的原则。每一位学生具有各自不同的性格与教育、家庭、社会背景，辅导员的工作方法必须坚持这个原则，才能够针对每一位学生做出正确的判断。

第四，坚持与时俱进的原则。时代在不断地发展，辅导员的工作要不断地前进，坚持与时俱进，才能为培养出时代所需要的人才做出贡献。

三、辅导员工作方法创新的基本思路

（一）思想教育方式的创新

在传统的思想教育方式中，教师往往一味地将自己的思想灌输给学生，而学生则对教师的思想教育比较排斥，这就使得辅导员对学生的思想教育难以达到预期的效果。因此，对学生的思想教育方式要进行创新。对学生进行思想教育时，辅导员所发挥的是引导的作用，要用自己的思想观念去影响、感染学生，而不是一味地要求学生。通过对学生潜移默化的影响，学生自觉地接受思想政治教育，充分感受到辅导员老师的良苦用心，拉近学生与辅导员老师的距离，从而在一种和谐的氛围中进行交流。如此一来，学生更愿意把自己的问题告诉辅导员，辅导员也更容易从学生那里得到准确的信息，从而判断学生的问题在哪里，之后做出正确的决策，帮助学生解决问题。在对学生进行思想教育的过程，也是辅导员自己进行反思的过程。在这个过程中，学生可以从辅导员这里接受到良好的思想政治教育，端正自己的心态。而辅导员也可以从中看到自己的不足与成功之处，吸取工作中的教训为自己以后的工作积累更多的经验。

（二）解决问题方法的创新

辅导员的工作除了要解决大学生的思想问题，还要帮助他们解决实际中的问题。对于大学生的思想教育不是说空洞的大话，而是要根据他们在实际中遇到的问题，让思想教育与学习、生活结合起来。辅导员在帮助他们解决实际中的问题时，要以思想政治知识为指导，指引他们向着积极、正确的方向走。辅导员可以通过组织军训、社团活动、志愿服务等社会实践，来教育学生增强社会责任感，让学生从实际的活动中感受思想政治教育知识的内涵与意义。此外，还可以为学生组织丰富多彩的文化活动，让学生充分接触艺术、体育等各种活动，让学生沐浴在丰富的校园文化中，陶冶他们的情操，增强他们各方面的综合能力。另一种创新的方式就是运用信息网络技术，向学生们传播积极向上的思想，弘扬新时代的大学生精神，帮助学生把思想教育与实际生活结合起来，增强对大学生思想教育的成效。

（三）教育与咨询工作方法的创新

辅导员的工作不仅仅涉及学生的思想政治教育，还涉及学生在校发展、人际关系、考研就业等多个方面，学生就这些问题向辅导员进行咨询，而辅导员的回答对于学生的发展方向有着重要的指导作用，很可能辅导员的一句话就改变了学生的一生。因此辅导员对于学生的教育与咨询工作必须注意使用恰当的方法。对于学生的教育与咨询，要以平等的语气进行商谈，避免教训、盲目批评等方式，要认真倾听学生的具体情况，对学生遇到的问题进行仔细地分析，一起找出问题的原因。结合自己的工作经验，辅导员应该为学生提供一些有利于改善现状的建议，并且尊重学生的选择，对学生进行引导，而不是强制性地改变学生的意愿。对学生的教育与咨询工作要有足够的耐心，对学生的服务要热心，解决学生的问题要用心。此外，辅导员在平时就应密切关注学生的思想动态，尽早发现学生可能存在的问题，做到早发现、早预防，及时为学生解决困难，避免因自己的失职造成不良后果。

（四）思考问题立场的创新

辅导员对学生的思想教育往往会站在自己的角度来思考，这样考虑问题对于学生的情况来说难免会有一些偏差，导致辅导员认为自己提出的方法能够为学生解决问题，然而，实际上这种方法对于学生并不完全适用。因此，辅导员在帮助学生解决问题的时候，要试着站在学生的立场上来思考问题。这样才能够充分感受到学生在实际问题中所处的地位，才能够明白学生的感受，从而做出有利于学生的判断。对学生的思想政治教育同样也要多思考一下，怎样的教育方式学生更容易接受，当学生对自己的工作不以为然的时候，要考虑一下学生为什么会排斥自己，这样才能够找到工作中问题的根源，从根本上解决工作中的问题。

（五）所用工具的创新

学生往往不愿意接受教科书式的思想政治教育和大水漫灌式的管理方式，他们希望增强教育方式的趣味性和管理方式的针对性、个性化。辅导员可以根据实际情况，运用一些新型工具来进行自己的工作，比如大数据分析工具、移动互联网平台、各类公众号、学生服务平台等。也可以运用身边的一些案例，让学生从故事中感悟到一些道理。此外，也可以组织一些具有创新性的活动，让学生在参加这些活动的时候更有新鲜感，从而增强教育效果。

辅导员的工作在高校教育中一直扮演着一个重要的角色，自辅导员这一职业诞生以来，这项工作就在不断地发展和创新中。新时代的高校辅导员工作方法也要不断地进行创新，才能够保证辅导工作能为学生解决思想政治教育与实际学习生活中的问题。具有创新性的工作方法，才能够保证辅导员在高校教育中不断地发挥自己的力量，将学生培养成为对社会有用的人才。

第七章　高校辅导员的自我提升与队伍建设

内容提要：在新时代的背景下，复杂的国内外环境和科技发展带来的负面效应冲击着大学生群体的思想和心理，辅导员工作的难度与日俱增。为适应大学生思想政治教育环境变化，有效促进大学生成长成才，强化自身专职化程度，辅导员要实现自我提升和人才队伍建设是非常有必要的。当前，影响辅导员自我完善的因素主要有自身自主发展意识不强、事务性工作烦琐、发展路径不畅通、专业地位不突出，辅导员要强化自我发展意识、坚持学习提升素质、提升个人知识管理能力、积极开展学术研究等。在人才队伍的专职化建设上，完善人才选聘、畅通职业发展路径、丰富完善培训体系、科学化评估考核、涵养良好的从业环境是重点。

第一节　高校辅导员自我提升与队伍建设的必要性

制度的有效性在于实施，而制度的实施在于人。辅导员能力强弱、队伍整体素养的高低决定着学生工作的好坏。新时代，增强辅导员个人职业能力、加强辅导员队伍的整体建设是高校及辅导员自身应对复杂育人环境、促进学生成长成才和职业化发展的必然要求。

一、适应大学生育人环境变化

（一）国际国内环境变化的要求

随着社会的不断发展，人们获取信息的方式也越来越多样，大学生面临着大量外来文化思潮和价值观念的涌入。这对大学生的思想政治教育提出了严峻的考验，要求辅导员在复杂多变的国际国内形势下，必须坚持坚定的政治立场，保持更敏锐的洞察力，积累更丰富的文化知识，全面提高综合素质来应对大环境的严峻挑战。

（二）高校管理体制改革的要求

随着我国教育体制改革的深入、高校的扩招、高考制度的改革，学生人数大大增加，学生层次愈加复杂。辅导员作为高校管理工作的主体之一，必须适应新体制和新环境，以应对更为激烈的竞争。学生的多样化特点表明，以往一味主张单向管理的职能已不适应时代发展的要求。在新形势和新情况下，辅导员必须提高教育学、心理学、管理学方面的知识技能，遵循教育规律，针对学生不同的性格特点，开展具有针对性和实效性的教育，以适应社会的发展要求。

（三）信息时代的要求

高等学校是社会信息化程度较高的场所，网络已成为大学生获取知识和信息的重要渠道。网络技术和信息技术的发展，对大学生的世界观、人生观、价值观产生了广泛和深刻的影响，使大学生接收信息的渠道趋于多样化、复杂化，与社会环境的接触更为紧密。因此，原有学生管理工作中的沟通方式（通知公告、专题开会、面谈、演讲等）也越来越暴露出其局限性，辅导员不再具有信息的主导权。信息网络时代对辅导员内在素质提出了较高的要求，要求高校辅导员必须研究当前大学生所乐意接受的沟通手段和方法，既要擅长思想政治工作，又要懂网络技术，既有崇高的政治责任感，又要熟悉网络文化的特点。

二、促进大学生成长成才

（一）准确把握大学生思想特点的需要

大学生的思想特点主要包括理想信念、民族精神、公民道德、心理健康方面的内容。影响大学生思想特点的因素是多样而复杂的，包括时代背景、家庭环境、地域特征等客观因素，也涉及不同年级、不同专业、学习成绩、社会工作经历、自身个性等主观因素。大学生正处于理想信念、民族精神、道德品质形成的关键期，心理也向成熟逐渐过渡，部分大学生是非判断能力有限、自制力较差，需要进行正确的引导。辅导员要具备过硬的思想政治素质和相应的心理辅导技巧，掌握正确的方法，提高自身的观察能力和分析能力，善于分析、把握影响学生个体思想特点的主要因素，因人而异地采取适当的处理方法，帮助他们正确认识自身的不足，克服缺点，发挥长处。同时，大学生除了具有青年人心理的普遍性外，还具有自身的特殊性，更需要辅导员掌握良好的沟通技巧，引导好每一位学生。

（二）做好大学生教育、管理、服务工作的需要

当前，一些深层次的社会问题，如青少年犯罪、青年恋爱观及性观念问题、诚信危机问题等，给高校的思想政治教育工作带来了挑战，需要辅导员不断学习相关理论知识，采取有效的教育方法，给予学生正确的引导。与此同时，网络既给学生的学习和生活带来了极大的便利，也导致部分学生网络道德缺失甚至是沉迷网络，增加了高校思想政治教育工作的难度，这就需要辅导员认真思考、不断探索。在学风建设、贫困生资助与勤工助学、紧急事件处理、学生综合测评以及评优惩罚等方面，辅导员要在熟悉工作流程的基础上，掌握尺度，公正、公平、公开地妥善处理。

学生管理工作任务繁重，需要辅导员掌握一定的工作方法和技巧，树立以学生为本的工作理念，具有高度的责任感和奉献精神。学生党团组织、班级是辅导员开展工作的基点，加强党团、班委建设，培养学生骨干，需要从制度、文化两方面着手，这不仅需要辅导员具有相应的组织建设、管理和指导能力，也需要辅导员具有一定的亲和力和人格魅力。同时，随着我国就业形势的变化，如何加强学生社会实践指导和职业生涯规划，引导学生正确认识自身和社

会需求之间的关系，也成了辅导员的重要工作内容。

三、实现辅导员专业化、职业化发展

辅导员的自我完善和自我发展，体现了辅导员队伍专业化、职业化发展的趋势和要求。

（一）专业化的需要

专业是由职业发展而来的，要求从业者经过专门的教育或训练，具有较高深的和独特的专业知识和技术，按照一定的专业规范从事某一专门的活动。

辅导员的专业化要求其具有心理学、教育学、组织行为学、法律政治等专业知识和人际交往、演讲社团组织、宣传、咨询等技能，对学生遇到的问题有高于学生的理解和丰富的经验，从而才能够指导学生分析、解决问题，并为学生所接受。辅导员专业化实质上就是依托专门的机构及终身专业训练体系，对辅导员进行科学的管理和培养，使辅导员掌握高校德育工作的知识和技能。辅导员的专业化程度直接影响着学生工作开展的成效，要成为一名合格的辅导员，必须按照“政治强、业务精、纪律严、作风正”的要求来不断提高自身素质。

（二）职业化的需要

职业化可以从两个角度来理解：一是从职业生涯的角度去理解，即把这个行业、这份工作作为长期的事业来对待；二是从职业的壁垒和标准的角度去理解，即从事这个行业要有一定标准和要求。

一般来说，职业化应具备 3 个要素：专业化人员和专门职责、健全的职业组织体系、良好的职业环境。由此我们认为，高校辅导员职业化是指根据辅导员工作不可替代的职业条件和职业标准，按照相应的职业要求而获取职业技能和政治经济地位，使从事该项工作的干部或教师的工作发展成为终身所从事的职业的过程。它具有以下四点鲜明特征：一是社会化。从社会分工的角度来看，随着高等教育大众化的发展，出现了对辅导员工作职业化的诉求，并且辅导员工作从理论到实践都已发展成为一种社会团体行为。二是专职化。即稳定性，从事此项工作的人员会长期从事辅导员工作，所以在聘任、考核、晋级等方面应充分考虑辅导员职业生涯规划，以保证辅导员工作的连续性和长期性。

三是专业化。职业辅导员应该具有普遍适用于辅导员工作的理论基础和专业技能，必须具备良好的思想政治素质，学习和掌握管理学、教育学、社会学、心理学以及就业指导、心理咨询、学生事务管理方面的专业知识，具有相关的学科背景，具备较强的组织管理能力和语言文字表达能力。四是专家型。辅导员职业化建设的必然结果，就是造就一批辅导员工作的专家。辅导员队伍的职业化要求其在履行好岗位职责的同时，应有自己擅长的专业领域，加强专业理论学习和实践锻炼，把这个专业当成长期追求的事业，专心于本职工作，成为学生思想政治、教育管理、心理咨询和就业指导方面的专家。辅导员的职业化要求使得辅导员必须提高自身素质能力以适应发展的需要。

第二节　影响辅导员自我发展的因素

影响辅导员自我发展的因素较多，既有内因也有外因。本书抽样调查了 S 省 C 市五所高校辅导员工作情况（3 所本科院系、2 所高职院校），通过调查问卷和访谈调查的方式，发放调查问卷 1000 份，有效回收 878 份问卷。其中，从男女分布来看，男性 467 人、女性 533 人，从学历分布来看，本科学历 572 人、硕士以上学历 428 人。统计发现，影响辅导员自我发展的因素包括自我发展意识不强、学生事务繁重、发展路径不畅通、专业地位不突出、缺乏激励措施等体制机制因素。

一、自我发展动力不足

调查显示，一部分辅导员本身存在自我发展意识不强，缺乏实现发展动力的问题。笔者抽样选取 S 省 C 市五所高校，通过发放调查问卷的方式，获得的表 7－1 所示的统计结果。

表 7－1　S省C市五高校辅导员业余生活调查统计结果　　单位：人

项目选项	经常（有）	一般（有但不明确）	很少（有想法）	没有（无）	备注
制定专业发展计划	148	422	221	209	
撰写工作总结	205	447	270	78	
自主学习	78	87	723	112	

不难看出，这五所高校的辅导员群体在制定专业发展计划方面，只有14.8%辅导员表示“有明确、具体的发展计划”，有20.9%表示“从来没有制定发展计划”。在工作之余，有27%的辅导员表示“很少反思，很少写总结”，有7.8%表示“从不反思，也从不写经验总结”。在工作之余，对于“是否进行自主学习”，有83.5%的辅导员表示“偶尔看”或“没有看过”。这表明，辅导员群体总体自主发展意识还很薄弱，比较缺乏促进自身成长的精神动力。当然出现这些问题的原因是多方面的，既有自身思想懈怠、工作积极性不强的原因，也有职业压力、职业倦怠、激励不足的原因。

二、事多人少矛盾突出

由于高校扩招使在校学生人数急剧增加，而辅导员的编制却没有增加，或增加很少，有些高校辅导员与学生之比高达1∶450，这与《普通高等学校辅导员队伍建设规定》中所要求的“高等学校总体上要按师生比不低于1∶200的比例设置本、专科生一线专职辅导员岗位”相差很大。在C市五所高校中，虽然没达到1∶450的惊人比例，但专兼职辅导员与学生人数比也未完全达到1∶200的规定比例，辅导员人数不足的问题依然存在。事多人少的矛盾使得辅导员较难做好细致而深入的学生工作。

通过对C市五高校辅导员日常工作情况进行访谈调研发现，工作上手容易但琐碎繁重，一直是辅导员工作的职业特点。他们要不定期进行学生思想政治教育、法治教育、班级管理与班干部队伍建设，指导创新创业与职业生涯规划，辅导有心理健康问题的学生，及时处理学生生病、旷课、打架斗殴、使用违规电器、疫情防控、监考、招生宣传等事务。此外，还要配合学院党支部、分团委指导学生党建工作，进行科研、参加培训、应对检查等。有的辅导员表示：“每天工作十几个小时，加班是常态，工作时间长、工作量饱和，特别是新冠肺炎疫情防控期间。”“00 后学生的思想活泼、个性突出，他们生活自理能力、社交能力或多或少有一定差异，回答学生的日常咨询，处理学生生活问题、心理问题是最多的工作内容。”也有女性辅导员表示：“每天工作基本到晚上九点，很难照顾家庭和孩子，回家后经常也要在家处理学生问题。我们已经有一种职业厌倦感，哪里还有时间看书学习、提升学历和技能。”

学生管理事务性工作过多往往占据了辅导员大量的工作时间和生活时间，致使许多辅导员没时间、没精力学习，很难使个人能力和知识积累得到不断提升，更别提创新性的业务钻研，从而使得工作主导性和实效性变差。

三、职业发展路径不畅

近年来，国家重视辅导员队伍的专业化和职业化建设，明确了专职辅导员“双线晋升、双向发展”的职业发展路线，各省市也在逐步细化落实专职辅导员发展路径并制定了相应的实施办法。早在 2008 年，河北省教育厅就发布了《关于高等学校专职辅导员行政职级晋升的暂行办法》，设立从副科级到正处级的辅导员岗位，保证辅导员的职业发展，并明确，专职辅导员岗位职级与学校其他岗位职级同等待遇，各级辅导员任职的工作年限条件、业绩条件、职称条件、职业资格条件。2018 年，江苏大学为支持辅导员专业化、专家化的发展，修订了《江苏大学辅导员管理办法》，设置了一到五级的辅导员岗位职级，相当于管理岗位九级到五级的待遇，最高的五级岗对应五级职员，即正处级实职待遇。① 但在全国范围内，仍有许多高校并未进一步落实专职辅导员职务职级“双线”晋升要求，缺少相应的实施细则，或实施细则缺乏可操作性，导致辅导员职业发展有路径但不畅通，整体的专业化建设水平依然不高。

辅导员职业发展路径不畅主要表现在：①未建立健全辅导员的职业准入、考核评价、能力素质、成长发展方面的专业标准体系，导致辅导员工作定位和职责不清晰，专职不专业的问题。②高校内部和外部均未建立统一的、具有权威性的辅导员工作考评体系，导致各高校及院系考核差异大、考核结论失真、可操作性不强。③部分高校对辅导员的职称评聘、职务晋升等尚未明确双线晋

① 邓莹. 高职院校辅导员职业成长及保障机制研究——以南京城市职业学院为例［J］. 职业技术，2019，18（11）：79－82.

升、双向发展的职业发展路径，职业发展通道有待打通。[①] ④双线发展路径异化为行政化路线的单一路径，将辅导员职业发展通道引入学校机关的行政序列，职业化路径被闲置或破坏。⑤辅导员的科研经费、智力支持不足或流于形式，造成科研方向不明晰、科研成果理论水平不足或实践意义不强。这些问题的存在使得辅导员难以真正朝着专业化、职业化路径发展，依然陷入传统的行政发展窠臼。

通过对C市五所高校的部分辅导员的访谈也证实，首先，高校对辅导员工作考核主观评价多但客观量化指标少，考核走过场的现象比较普遍，不能真正反映辅导员的工作水平，考核结论形式大于意义。这导致许多辅导员抱有“干多干少一个样”的心态，工作的积极性不足。其次，大部分辅导员都倾向于向行政路线发展，职业化发展路径背后所体现的待遇、社会地位、工作强度并不具有性价比。同时，职业化发展通道还要受到行政领导的竞争压缩，申报讲师容易，申报副教授难。再次，即使是“双一流”院校，辅导员的科研水平整体不高，科研成果很难有创新性，缺少经费支持、课题支持、智力支持、学术资源等。最后，辅导员在学习培训和在职攻读学位方面的经费支持力度弱，加之事务性工作繁重，晋级和分流空间实际有限。

四、职业能力培养效度较弱

高校辅导员是一个成长型职业，离不开长期的经验总结和能力培养。我国很重视辅导员的职业能力培训培养，建立起了国家、省级和高等学校三级辅导员培训体系。教育部设立高等学校辅导员培训和研修基地，开展国家级示范培训。省级教育部门根据区域内现有高等学校辅导员规模数量设立辅导员培训专项经费，建立辅导员培训和研修基地，承担所在区域内高等学校辅导员的岗前培训、日常培训和骨干培训。高等学校负责对本校辅导员的系统培训，确保每名专职辅导员每年参加不少于16个学时的校级培训，每5年参加1次国家级或省级培训。

然而，有些省市及高校在高校辅导员培训上经费投入不足，导致部分省属院校、民办院校、高职院校的辅导员获得培训和外出学习交流的机会少，视野和思路不够开阔，限制了个人工作水平和创新能力。此外，在国家级的示范培

① 曹威威. 高校辅导员职业生涯发展研究［D］. 吉林：东北师范大学，2017.

训名额多倾向于部属院校，地方院校的资源和平台相对缺乏，三级联合培训体系的协调机制还在进一步形成过程中，不同类型院校的辅导员分层分类的体系尚未建立。有些省市和高校在辅导员培训方面的课程设置、教材选用、师资储备、考核管理等方面还不够规范，在高校内部的辅导员持证上岗、定期培训、挂职锻炼等制度配套完善度不高。

当前，我国高等教育体制解决了辅导员培训体系有无的问题，但是对辅导员培养培训的效度和力度还需进一步加强，急需解决培养规范化、资源分配均衡化、分类差异化的问题。

五、职业发展环境不友好

在辅导员群体中，常常提到“职业价值认同度不高、职业地位较低、付出与待遇不对等”的问题，这类问题有体制机制的原因，这从侧面反映了辅导员职业发展环境不友好的现状。辅导员职业发展环境包括政策环境、社会环境和校园环境三个方面，但后两者主要是由社会群体和学生、教师等校园群体所营造出的人文环境或思想氛围。进入 21 世纪以来，党和国家非常重视辅导员群体的工作情况和发展情况，针对辅导员的工作内容及自身建设出台了几十余部指导意见、规定、办法等规范，为辅导员职业发展提供了坚定的政策支持，极大地改善了辅导员职业发展的政策环境，填补了保障辅导员成长发展的制度空白。

但是我们也应看到，有些高校落实规定打折扣、不重视辅导员成长培养和社会群众轻视高校辅导员职业的问题依然存在，整体的社会环境和校内环境对辅导员成长发展不友好。还存在下面一些带有偏见的观点：①社会上有人质疑高校辅导员职业群体存在的必要性，他们认为国外高校并没有这一群体，从根源上否定了大学思想政治教育工作存在的合理性，进而否定了高校辅导员职业群体存在的合法性。②部分专业教师或行政领导对高校辅导员职业生涯发展持怀疑态度。他们认为高校辅导员把学生日常管理工作做好即可，不用对自身的职业生涯发展进行规划，尤其是专业化、职业化的发展方向不适合高校辅导员这一事务性工作群体。或者认为高校辅导员的社会分工就是做管理服务工作，这种工作属于低水平重复，高校辅导员个人的能力有限，搞不好职业生涯发展。③部分专业教师和社会群众否定高校辅导员的教师身份，将高校辅导员和教辅、行政人员归为一类，认为辅导员做好行政晋升就可以了，不需要往专业化方向发展。尤其对辅导员的科研提升持严重质疑的态度，认为高校辅导员的专业化发展属于不务正业、耽误主业，否定辅导员的专业化发展方向。④部分行政领导和专业教师认为辅导员工作只是事务性工作，对其育人价值没有进行充分的肯定，简单地把辅导员职业与其他行政人员、专业课教师等进行主观性对比，贬低了高校辅导员的职业价值。

这些来自社会和校园内部的错误认识所形成的社会环境和校园环境对辅导员自身以及有志从事辅导员工作的人才都带来不小的负面作用，伤害了他们职业情感，扭曲了辅导员工作的职业价值。这些存在于群体思想层面的认识以及所形成人文环境在无形中阻碍了辅导员个人自我发展和队伍建设。

第三节　辅导员自我完善与发展的途径

尽管影响高校辅导员自我发展有主客观因素，但辅导员可从自身出发，正确认识和发展自我、树立和强化自我发展意识、树立终身学习理念，提升个人知识管理能力、积极开展学术研究，通过实践不断创新，实现自我完善和发展。

一、正确认识和发展自我

新时代，国家、高校为辅导员提供了展示才华和实现自身价值的舞台，自我发展和工作的政策已大幅改变。辅导员职业的政治价值、社会价值和自我价值是不可否定的，自身要有职业使命感和荣誉感，不可妄自菲薄。辅导员要正确认识自我和学生工作的职业价值，坚定信念、善于思考、积极作为，结合自己的实际情况进行个人职业生涯规划，选择适合自身的职业发展道路。在工作中，辅导员更要珍惜工作机会、潜心学习、提升技能、积累经验，为将来从事其他职业奠定坚实基础。

二、树立和强化自主发展意识

辅导员发展是一个自主发展、自我完善的过程。从辅导员专业发展方式上看，主要有外塑培训发展和内塑自主发展。外塑培训发展是短暂的，而基于自我完善的自主发展则是长期终身的。因此，我们应倡导自主发展型辅导员的成长。所谓自主发展型辅导员就是自主意识成长动机和专业理想都很强的辅导员。教育经验表明，凡是优秀的辅导员都是自主发展意识很强的辅导员。因为自主发展意识很强的辅导员会自觉地制定自己的专业发展规划，主动学习，注意提升自己的专业素质，所以辅导员必须树立和强化个人的专业自主发展意识，这样才能为辅导员实现持续专业发展提供强大的动力支持。

三、树立终身学习理念

辅导员的专业成长是一个持续的过程。因此，从某种意义上而言，辅导员的专业发展过程也就是一个终身学习的过程。社会环境在变，工作对象在变，工作内容在变，辅导员若不甘于现状，想有所作为，不被时代所淘汰，唯一的出路就是学习。在知识经济和网络化的影响下，大学生的知识越来越丰富，思想行为呈现多元化等特点，这些都给辅导员带来压力和挑战。而辅导员应对变化、竞争、压力和挑战的资本就是知识、能力、创新，这些都必须通过学习来实现。

四、坚持学习提升素质

辅导员要坚持政治理论的学习，提高自身的理论思维和战略思维能力。还要有政治意识和全局观念，坚持党的路线、方针和政策，始终与党中央保持一致，具备较强的政治辨别力和政治敏锐性，才能正确把握和处理学生中出现的问题，为学生的成长提供动力支持。

对政策法规的学习是指导辅导员正确工作的基础和保证。大学生处于世界观、人生观、价值观的形成期，现实社会的一些负面新闻对大学生的法治观念会产生影响。辅导员要适时地向学生宣讲国家的政策法规和学校的规章制度，真正贯彻育人理念，切实维护学生的合法权益。同时，通过法律法规的学习，增强辅导员自身的守法意识，达到纪律严、作风正的素质要求。

辅导员不但要透彻掌握德育科学，还要广泛涉猎教育学、管理学、法学、哲学、心理学、社会学和伦理学的知识，通过丰富的知识修养表现出优秀的人格魅力，树立辅导员在学生中的权威形象，成为学生求知的榜样和示范。

辅导员只有努力学习基本工作技能、创新工作艺术、更新工作技巧，才能做好思想政治教育工作。辅导员不仅要有良好的公文写作、计算机操作技能，还要具有较强的分析判断能力、语言表达能力、激励和感染能力等技能，唯有不断提升工作技能，才能做好各项学生事务工作。

五、提升个人知识管理能力

个人知识管理是指通过整合自己的信息资源，提升工作效率和提高个人的竞争力。通过个人知识管理，让其拥有的各种资料以及随手可得的信息变成更多的知识，然后对知识进行创新应用，提高个人绩效，从而有利于自己的工作、生活。目前，辅导员的工作量普遍都比较大，负责的学生人数也比较多，日常工作常常事务缠身，每天总是忙得没有时间和精力学习。可见，提升个人知识管理能力，对于提高辅导员工作效率和促进辅导员专业发展意义重大。

六、积极开展学术研究

学术研究是大学教师发展的重要途径之一。辅导员作为高校教师的重要组成部分，学术研究同样在辅导员的发展中起到重要作用。从理论上讲，辅导员在学术研究中，通过科学研究接触和发现学科前沿问题，获得新的研究成果，从而不断扩大自己的知识面，提高自己的专业发展水平。从实践层面看，辅导员通过学术研究，不仅能有效提高自身的专业化水平和工作效果，还能提升辅导员的专业地位，获得广大教师与学生的尊重。因此，辅导员必须重视自身学术研究水平的提高，积极开展学术研究。辅导员积极开展学术研究，不仅可以改进和提高大学生思想政治教育的成效，还可以借此提高职业声望和地位，找到职业工作成就感，从而促进自身发展。

七、通过实践不断创新

伴随经济全球化的来临，人们的思想日趋多元化、复杂化，大学生群体在政治信仰、价值取向、人文精神、社会责任和心理发展等方面面临着许多新的困惑和迷惘。探索一条切合实际、富于创新、成效卓著的工作思路，已成为辅导员的新课题。辅导员应该在借鉴以往学生工作经验和做法的基础上，积极应对新形势下的网络思想政治教育、心理保健与危机干预、职业生涯规划、就业指导等问题，勇于把新思路、新想法不断应用到实际工作中。同时，在实际工作中，要善于总结经验教训，提升自身创新意识与创造力。

第四节　辅导员队伍专职化建设的完善

目前，我国高校辅导员队伍不稳定，人员流动性大，长期处于“非职业”的状态，辅导员未能像专业教师一样得到培养。在以教学和科研为主体的大学校园里，辅导员的工作重要性常常被忽略，对辅导员的职业歧视和不公平待遇不利于辅导员队伍的健康发展。辅导员队伍的建设不仅需要学校有关领导和部门的重视，还需要相关的政策和措施来保障。高校要用事业、感情、待遇留人，把优秀的辅导员留在工作岗位上，从而提高辅导员队伍的专业化和职业化程度。

一、单独开设学生事务管理专业

借鉴英国高校学生事务管理的经验，为有针对性地培养学生事务管理专门人才，我国教育主管部门可授权相关高校在原来思想政治教育专业、高等教育专业的基础上，结合我国高等教育发展的需要、大学生的特点和辅导员工作的实际，针对辅导员工作单独开设能培养高水平理论素养和实践能力的学生事务管理专业，进行人才培养和理论研究，从源头上提高辅导员工作队伍的专业化水平。

二、完善人才选聘制度

高校要按照“严格标准、精心挑选、优化结构、逐步完善”的方针，落实选配足够数量辅导员，严把高校辅导员队伍的“准入关”。一方面，严格职业准入资格，从源头上筛选职业人员专业能力层次；另一方面在人才招聘上更注重人员职业素养考核。在辅导员队伍的准入资格上，应包含本科、硕士、博士三个学历层次，在校期间担任过主要学生干部或参加过工作且实际操作能力比较强的本科生可以纳入。在知识和能力素质上，辅导员应具备良好的文字能力、表达能力、沟通能力和组织能力，成为复合型的通识人才。未来，我国高校可以考虑辅导员从业资格制度化，制定一套标准，为辅导员从业人员打造一个社会认可的、能体现辅导员工作特点和要求的职业资格制度。

在人才素质考察上，建立以组织人事部门全面协调、学工部门统一考核、纪委监察部门全程监督等多方参与的选拔机构，保证考核的公正性、公开性，提高考核效度。其次，考核要采取笔试、面试、心理测试等多种考核形式相结合来考察应聘人员的基本素质和潜能。最后，在标准上，要选拔思想政治过硬、道德素质较高、身心健康、综合业务较强的优秀人才。

三、畅通职业发展路径

职业发展又称为职业生涯规划，职业化的发展要求从事该职业的人员有一个明确的职业分类（横向发展）和长期的职业发展规划（纵向发展）。所谓职位分类，是在工作分析的基础上将职位依据工作性质、繁简程度、责任轻重和所需资格条件进行区分。我国高校辅导员工作体制可借鉴国外辅导员职能的划分方法，结合当前形势和实际工作的需要，进行进一步细分。例如，可在学生社区管理、心理健康教育、职业发展辅导、思想政治教育、学生事务管理等方面配备专业化的辅导员。在横向的发展方向上，要体现辅导员发展的专业性和专门化，引导辅导员在思想政治教育、心理咨询、就业指导、社区管理等领域进行理论和实践探讨，成为该领域的专家。

在纵向的发展空间上，要建立科学的晋升制度。目前，辅导员的纵向发展空间要包括两个方面：一是专业职称的晋升，即从讲师逐步晋升到教授；二是行政级别的提升。纵向维度的职业发展要与辅导员职业资格认证结合起来，建立科学、统一的辅导员职级制，这种职级制要与目前的职称制度有机结合，从而规定辅导员相应的入职、晋升、待遇条件。

四、丰富完善培训体系

当前，辅导员队伍建设中一个突出的问题是辅导员长期处于超负荷运转和低水平重复的状态，导致辅导员的业务技能没有得到有效地提高。早在《2006—2010年普通高等学校辅导员培训计划》中就提出，以教育部举办的全国辅导员骨干示范培训为龙头，以辅导员培训和研修基地举办的培训为重点，以高校举办的系统培训为主体，与学习考察、学位进修、科学研究、研讨交流等多种形式相结合，构建分层次、多形式的培训体系。

我国高校可以结合学校的特色、学科背景，开展系统的辅导员岗前培训，夯实辅导员有关思想政治教育、心理学、管理学的理论知识及辅导员的工作实务；定期和不定期地开展日常培训，组织辅导员进行业务学习，开展多种形式的交流活动；进行辅导员职业素质的拓展，选拔一定数量的辅导员，推荐其在职攻读思想政治教育学、心理学、管理学等相关专业的硕士或博士学位。同时，学校应积极选送辅导员报考国家职业指导师、国家心理咨询师等资格证书；加强考察交流，有条件的学校可以定期组织派遣一定数量的辅导员到外校学习、交流、考察或出国进修访问。此外，高校还应提供学历提升或进修平台，把辅导员在职攻读研究生班或者硕士、博士学位纳入学校专任教师培训计划。有条件的高校可以从研究生招生计划中划出一定名额作为推荐免试研究生，用于辅导员队伍深造学习；还可以每年招收一定数量的优秀辅导员进行硕士学位、博士课程班进修，以推动辅导员队伍的专业化、专家化进程。

在培训内容上，各类培训主体须明确各类培训的内容重点和目标，包括：①岗前培训是入门教育。培训内容主要涉及辅导员岗位所必需的心理学、教育学、行为学等基础知识。通过培训，受训人掌握辅导员岗位基本的职业素质和技能。②继续培训要解决的则是辅导员的专门化问题。培训内容要根据辅导员不同的主攻方向，分别开展就业指导、心理咨询、教育管理等方面的专门培训。

此外，未来培训的发展趋势是与社会服务相结合，将辅导员培训与社会认可的职业培训师、心理咨询师等资格证书培训联系起来，促进职业化发展。同时，建立辅导员职业团体，如全国辅导员协会，由职业团体组织各个层次的培训。这也是我国高校辅导员培训体系进一步社会化发展的方向。

五、科学化评估考核

对辅导员进行科学的评估考核，是保证辅导员队伍健康成长的重要举措。它的好坏关系到辅导员的职业成就感和职业发展，影响着辅导员工作积极性、主动性的发挥。

对辅导员工作的评估考核体系，内容设计可以划分为目标管理和过程管理两大部分。对目标管理的评价，主要由学工部门和辅导员所在院系根据辅导员年度主要工作完成情况进行考核；而对于过程管理考核，则应主要由学生评议完成。在对辅导员的年度考核指标体系中，应该加大过程管理评价部分所占的权重。目标管理考核内容可以以量化为主，考察辅导员在某一具体时间段（月、年、季度）内，整体或部分工作的完成情况，并科学地确定关键绩效指标。过程管理考核内容则以定性考核为主，对辅导员在德、能、勤等方面做出相应的等级评价。在评价主体的构建上，应由学工管理部门、辅导员所在学院和学生三方面组成，建立三方结合的评价方式，并且应该加大学生对辅导员工作的考核力度。在考核形式上，可以通过日常考核与年终考核相结合，目标责任制和民主评议制相结合，通过检查评比、统计分析问卷调查、座谈、随机走访、网上调研等形式完成。最后，合理运用评价结果，把评价结果与辅导员的晋升结合起来，对评价成绩优秀的辅导员进行表彰，对评价成绩欠佳的给予督促和惩罚。只有这样，才能发挥评价的激励作用，加快辅导员队伍职业化的进程。

六、涵养良好的职业环境

高校辅导员从业环境潜移默化地影响他们职业荣誉感、成就感和幸福感，间接影响着辅导员工作的长远发展。当前，高校辅导员职业生涯发展有着良好的政策环境，但其人文环境却还有待进一步优化。有人质疑高校辅导员职业群体存在的必要性，对高校辅导员职业生涯发展持怀疑态度，还有一部分人把高校辅导员和教辅、行政人员归为一类，否定高校辅导员的教师身份。此外，高校辅导员队伍中存在个别思想觉悟不高、业务水平有限、工作纪律不严、师德风范缺失的人员，极大地影响了辅导员队伍的整体声誉，对高校辅导员队伍的整体形象造成了一定的负面影响，致使外界对高校辅导员这一职业的认知和评价褒贬不一、有失公允。

涵养良好的职业环境，高校在内部既要加强辅导员职业的正面宣传、明确其角色定位，纠正校内师生的错误认识，让他们充分认识其岗位的重要性，又要做好畅通职业发展路径，给予辅导员稳定的职业保障。国家教育行政部门要做好政策保障和社会宣传，给予他们应有的社会地位。

参考文献

［1］郑瑞强，卢宇．高校翻转课堂教学模式优化设计与实践反思［J］．高校教育管理，2017（1）：97－103.

［2］张宝君．“精准供给”视域下高校创新创业教育的现实反思与应对策略［J］．高校教育管理，2017（1）：33－39.

［3］李莹，徐焕文．“双一流”背景下“立德树人”在大学生管理事务中的铸建路径探究［J］．辽宁农业职业技术学院学报，2020（5）：54－56.

［4］许正环．目标管理视角下创新大学生顶岗实习管理方式研究［J］．价值工程，2018，37（6）：50－53.

［5］汤小勇．当代大学生参与高校管理的形式及价值意蕴［J］．法制与社，2018（11）：180－181.

［6］王静．新时代高校辅导员专业化的内涵与价值分析［J］．高教学刊，2018（14）：164－166，169.

［7］罗琛．文化管理视域下高校学生管理建设研究［J］．管理观察，2018（26）：114－115.

［8］夏澜绮．培养大学生自我管理能力的重要影响及建议［J］．现代经济信息，2018（20）：383－384.

［9］高麒棉．高校学生干部队伍建设与学生管理［J］．赤子，2016（17）：94.

［10］梁菁．新时期高校学生干部队伍建设存在的问题及解决策略［J］．知识经济，2019（12）：155，157.

［11］袁志玲．高校学生管理法律体系及构建法治化工作模式的研究［J］．法制与社会，2018（10）：165－166.

［12］姜蕾．高校学生管理工作中“立德树人”理念的渗透［J］．法制与社会，2019（30）：178－179．

［13］陆敬权．论我国高校学生就业管理机构服务能力的提高措施［J］．消费导刊，2017（24）：84，86．

［14］林琳．高校学生档案管理的监督工作［J］．武夷学院学报，2017，36（11）：102－105．

［15］罗尉．浅谈人本理念下的大学生管理［J］．合作经济与科技，2014（2）：108－109．

［16］廖雨涵．新媒体时代高校大学生学生管理工作应如何开展［J］．教育现代化，2016，3（40）：259－260，270．

［17］邓剑刚．学分制下高校学生自主管理研究——以浙江农林大学暨阳学院为例［J］．科教文汇，2016（32）：130－131．

［18］付维强．新时期大学生管理现状及未来展望［J］．科学大众，2017（5）：141．

［19］薛潇．树立大学生管理的新理念［J］．时代文学，2008（3）：179－180．

［20］王利．当前大学生管理现状分析及发展对策探讨［J］．管理观察，2008（14）：119－121．

［21］徐双俊．社会主义核心价值体系视域下的高校校园文化建设［J］．管理观察，2008（17）：138－139．

［22］任路伟．大学生“三自教育”管理模式的研究［J］．科教导刊，2016（4）：173－174．

［23］李爱爱．以人为本管理理念在大学生管理中的应用研究［J］．兰州交通大学学报，2013（5）：151－154．

［24］郭方兴．大学生管理对策探析［J］．旅游纵览，2013（24）：295．

［25］都晓峰，罗晓燕．浅谈如何做好大学生管理工作［J］．科技传播，2010（5）：71，68．

［26］神克洋，张立强．社会主义核心价值观：当代大学生教育管理的精神灵魂［J］．科技信息，2010（13）：160－161．

［27］杨明峰．浅谈高校学生公寓管理及文化建设［J］．科技创新与应用，2012（3）：244．

［28］钟小要，方留．情感管理运用于大学生教育管理的模式研究［J］．中国电力教育，2012（28）：137，143．

［29］蔡国春. 树立大学生管理的新理念［J］. 上海高教研究，1998（8）：53－65.

［30］刘效瑜. 高职辅导员学生管理工作路径探析［J］. 潍坊工程职业学院学报，2018，31（2）：28－31.

［31］占茂华. 新形势下大学生自我管理模式探析［J］. 学术探索，2015（7）：139－142.

［32］杨少波. 组织建设与多元整合：高校学生自我管理的路径分析［J］. 湖北社会科学，2016（6）：162－167.

［33］刘钊. 论辅导员高校学生管理体系的构建［J］. 科技经济导刊，2016（17）：132－133.

［34］李游，左飞龙. 论辅导员视角下的留学生教育与管理［J］. 科教文汇，2017（10）：142－143.

［35］昃向淋，焦宏亮. 关于新时期高职院校辅导员工作的几点思考［J］. 职业，2018（8）：56－57.

［36］李红梅. 新时期高职院校辅导员工作创新探索与思考［J］. 黑龙江教育学院学报，2017，36（4）：49－51.

［37］鲍林娟. 新时期进一步提高高职院校辅导员工作有效性的几点思考［J］. 湖北函授大学学报，2010，23（6）：34－35，41.

［38］江沈红. 高校辅导员教师身份内涵及身份实现路径研究［M］. 武汉：武汉大学出版社，2016.

［39］邹涛，艾鸿，陈翔. 辅导员胜任力差异性评价研究—基于高校三类人群的实证调查［J］. 西南民族大学学报（人文社会科学版），2017，38（1）：222－227.

［40］范晓云，许佳跃. 高校辅导员胜任力培训体系研究［J］. 思想教育研究，2015，（1）：86－89.

［41］季青春，眭国荣，李慧. 新形势下高校辅导员工作创新实践的再思考［J］. 吉林省教育学院学报，2012，28（3）：8－10.

［42］潘颖. 高校学生管理中的辅导员工作创新思路探讨［J］. 无线互联科技，2014（5）：208.

［43］孙保营. 高校辅导员德育工作“互联网思维”的培育与运用［J］. 信阳师范学院学报：哲学社会科学版，2017，37（1）：100－105.

［44］张玉新. 善用互联网思维助推高校辅导员职业能力提升［J］. 教育与职业，2016（21）：92－95.

[45] 杨晓庆，赵梓雯. "互联网+"时代高校辅导员职业能力建设探究[J]. 学校党建与思想教育，2016 (16)：93－94.

[46] 阳芳，雷元媛，韦熠. 高校辅导员创新创业教育能力提升的优化策略 [J]. 重庆电力高等专科学校学报，2018，23 (4)：17－19.

[47] 王雪. 创新创业教育视域下高校辅导员职能探析 [J]. 南方论刊，2017 (1)：88－90.

[48] 张教华. 关于构建当代高职院校音乐学科新的教育体系及发展途径的思考 [J]. 艺术百家，2014，30 (S1)：294－296.

[49] 戴维埃利奥特著，齐雪，赖达富译. 关注音乐实践 [M]. 上海：上海音乐出版社，2009.

[50] 钱仁平. 源于音乐回到音乐感知音乐创造音乐—关于如何切实提高作曲技术理论共同课教学质量的思考 [J]. 人民音乐，2007 (10)：62－64.

[51] 王岩. 实践音乐教育哲学针对我国音乐教改的现实指向 [J]. 艺术教育，2010 (3)：37.

[52] 余璐. 论普通高校公共音乐教育教师能力的形成机制 [J]. 河南教育，2014 (4)：34－35.

[53] 吴金玲，王深，薛宇峰. 浅析沈阳农业大学社会实践 [J]. 中国科技信息，2008 (7)：180－181.

[54] 张立兴. 高校辅导员制度的沿革进程考察 [J]. 思想理论教育导刊，2009 (4)：117－121.

[55] 文建龙. 我国高校政治辅导员制度的缘起及演变轨迹 [J]. 上海青年管理干部学院学报，2003 (2)：10－13.

[56] 张富勇. 试析高校政治辅导员的地位和作用 [J]. 河南教育学院学报（哲学社会科学版），1994 (3)：82－84，81.

[57] 王道阳. 我国高校政治辅导员制度的历史演变 [J]. 思想教育研究，2007 (5)：31－32.

[58] 杨亚军，胡元林. 我国高等学校辅导员制度的历史考察与展望 [J]. 教育与职业，2008 (9)：139－141.

[59] 刘金球. 新时期高校辅导员角色定位探析 [J]. 管理观察，2009 (21)：176－177.

[60] 张棣，辅导员角色的本质与优秀辅导员的五大标准 [J]. 沈阳工程学院学报（社会科学版），2008 (1)：136－138.

[61] 芦倩. 新形势下高校辅导员角色探究 [J]. 科技情报开发与经济，

2009（19）：157.

［62］林崇德，杨治良，黄希庭. 心理学大辞典［M］. 上海：上海教育出版社，2003.

［63］吴荷平. 高校辅导员角色演进和队伍建设［J］. 职业时空，2008（4）：83－84.

［64］宋峥. 高校辅导员角色心理失衡成因及自我调适探析［J］. 教育与职业，2009（12）：56－57.

［65］曾艳. 高校辅导员角色冲突成因探析［J］. 科技信息，2009（8）：25－26.

［66］廖海华. 高校辅导员角色定位的困惑与思考［J］. 中国成人教育，2007（23）：75－76.

［67］李环宇. 大学精神视角下的高校辅导员工作探索与实践［J］. 科教文汇，2012（32）：9－10.

［68］李卫东. 高校辅导员文化育人途径探析［J］. 高校辅导员学刊，2020，12（2）：14－18.

［69］姜晓庆. 高校辅导员工作绩效考核体系初探［J］. 科教导刊，2013（24）：48，72.

［70］孙启龙. 高校辅导员培育和践行社会主义核心价值观路径探析［J］. 福建广播电视大学学报，2017（1）：65－69.

［71］张瑾. 自媒体时代高校辅导员学生工作路径探析［J］. 高教学刊，2017（10）：120－121.

［72］李琳. 高校辅导员职业能力提升的三个着力点［J］. 思想理论教育导刊，2015（03）：124－126.

［73］王树欣，张琳. 高校辅导员在校园文化建设中的角色与作用思考［J］. 吉林省教育学院学报，2015，31（7）：7－8.

［74］赵梓雯. 高校辅导员工作专业化发展创新策略探析［J］. 边疆经济与文化，2015（7）：105－107.

［75］白永生，李俊俊. 高校辅导员应具备的意识形态工作能力［J］. 教育与职业，2015（32）：62－64.

［76］梁吉霖. 浅谈高校辅导员工作之创新［J］. 职业圈，2007（22）：45－47.

［77］樊泽民. 传承创新团队文化：高校辅导员队伍建设的新命题［J］. 思想教育研究，2013（1）：105－107.

[78] 李月玺. 高校辅导员的核心价值观及其培育 [J]. 教育探索，2013 (4)：92-94.

[79] 丘进，卢黎歌. 机制·创新·长效——高校辅导员队伍建设研究 [M]. 西安：西安交通大学出版社，2012.

[80] 冯刚. 辅导员队伍专业化建设理论与实务 [M]. 北京：中国人民大学出版社，2009.

[81] 黄天中. 生涯规划——理论与实践 [M]. 北京：高等教育出版社，2007.

[82] 刘海春. 高校辅导员职业生涯发展教程 [M]. 北京：人民出版社，2009.

[83] 刘捷. 专业化：挑战 21 世纪的教师 [M]. 北京：教育科学出版社. 2002.

[84] 王小红. 高校辅导员工作的理论与实践 [M]. 北京：北京大学出版社. 2010.

[85] 李忠军. 高校辅导员主体论 [M]. 北京：光明日报出版社，2011.

[86] 杨俊一. 制度哲学导论 [M]. 上海：上海大学出版社，2007.

[87] 孟繁华. 教育管理决策新论——教育组织决策机制的系统分析 [M]. 北京：教育科学出版社，2002.

[88] 国家教育发展与政策研究中心. 发达国家教育改革的动向和趋势（第二集）——美国、苏联、日本、法国、英国 1986—1988 年期间教育改革文件和报告选编 [M]. 北京：人民教育出版社，1988.

[89] 朱正昌. 高校辅导员队伍建设研究 [M]. 北京：人民出版社，2010.

[90] 胡金波. 高校辅导员职业化发展研究 [M]. 苏州：苏州大学出版社，2010.

[91] 张书明. 高校辅导员队伍建设 [M]. 济南：泰山出版社，2008.

[92] 付亚和，许玉林等. 绩效考核与绩效管理 [M]. 北京：电子工业出版社，2003.

[93] 王平心，殷俊明等. 高等院校内部绩效评价研究 [M]. 北京：科学出版社，2009.

[94] 王传中，朱伟等. 辅导员工作指南 [M]. 武汉：武汉大学出版社，2009.

[95] 冯培. 中国高校学生事务管理模式创新 [M]. 北京：中国人民大学

出版社，2009.

[96] 储祖旺. 高校学生事务管理教程 [M]. 北京：科学出版社，2008.

[97] 马超. 美国大学学生事务研究 [M]. 北京：知识产权出版社，2009.

[98] 杜汇良，刘宏，薛徽. 高校辅导员九项知能教程 [M]. 北京：高等教育出版社，2009.

[99] 方宏建，张宇. 高校学生工作概论 [M]. 济南：山东大学科学出版社，2009.

[100] 艾鸿. 高校学生工作创新与思考 [M]. 成都：西南财经大学出版社，2009.

[101] 彭庆红. 试论高校辅导员队伍的专业化建设 [J]. 北京科技大学学报（社会科学版），2007 (4)：148-152，156.

[102] 刘宝存. 牛津大学办学理念探析 [J]. 比较教育研究，2004 (2)：16-22.

[103] 夏晓红. 从英国导师制看我国高校辅导员队伍建设 [J]. 思想教育研究，2008 (1)：46-48.

[104] 冯刚. 论辅导员的专业化培养和职业化发展 [J]. 思想教育研究，2007 (11)：13-15.

[105] 吴巧慧，等. 高校辅导员制度建设的历史进程与基本经验述评 [J]. 思想理论教育导刊，2013 (7)：128-131.

[106] 王蕾，吴麟麟. 历史使命语境下的高校辅导员职业化解读 [J]. 学校党建与思想教育，2009 (29)：66-68.

[107] 马明宇. 海峡两岸大学生事务管理比较研究 [D]. 北京：北京体育大学，2016.

[108] 康少华. 台湾高校学生事务管理工作模式的启示 [J]. 现代职业教育，2019 (6)：216-217.

[109] 邓易元. 掌握高等教育的发展规律发挥学生公寓管理的育人功能 [J]. 西南农业大学学报（社会科学版），2004 (2)：134-137.

[110] 张卫楷，雷鸣. 新时期学生工作范式的转型与定位 [J]. 黑龙江高教研究，2006 (3)：44-45.

[111] 纪宝成. 我国高等教育大众化进程中的挑战与对策 [C] //中国未来研究会，中国教育发展战略学会，北京大学教育学院. 第五届中国科学家教育家企业家论坛论文集. [出版者不详]，2006.

［112］朱继磊. 高校学生工作运行机制问题与对策研究［D］. 济南：山东大学，2010.

［113］邵娟，陈丽. 中美高校学生事务管理比较研究的启示与思考［J］. 高教论坛，2017（1）：125-128.

［114］高艳丽. 中美高校学生事务工作组织结构比较［J］. 中国高新技术企业，2008（19）：255.

［115］唐彬. 高校辅导员工作模式的回顾与展望［J］. 淮海工学院学报（人文社会科学版），2017，15（5）：129-132.

［116］叶玉清. 高校辅导员工作课程化模式的理论与实践［M］. 沈阳：东北大学出版社，2014：15.

［117］李思雨. 高校辅导员工作成效研究［D］. 重庆：西南大学，2018.

［118］杨炎轩. 略论辅导员工作模式［J］. 高等工程教育，2004（1）：43-45.

［119］李小虎. 高校联盟辅导员工作模式创新研究——以安徽高校（部分）联盟为例［J］. 河北工程大学学报（社会科学版），2011，28（3）：103-106.

［120］夏海州. 高校辅导员工作模式的概念及其构成要素研究［J］. 首都师范大学学报（社会科学版），2009（S2）：123-125.

［121］黄燕. 文化视野下的中美高校学生事务管理比较研究［D］. 上海：华东师范大学，2013.